SPICKZETTEL FÜR LEHRER

CARL-AUER

Für Claudia,
die weiß, dass Lehrer ganz besondere
Menschen sind, und dafür sorgt, dass ich
lernfähig bleibe.

Detlef Scholz

Die Kunst des unglücklichen Lehrens

Eine Anleitung
in neun Schritten

2018

Reihe »Spickzettel für Lehrer«, Band 19
hrsg. von Christa Hubrig
Reihengestaltung: Uwe Göbel
Umschlag und Satz: Heinrich Eiermann
Printed in Germany
Druck und Bindung: Kösel, Krugzell

FSC MIX Papier aus verantwortungsvollen Quellen FSC® C013736
klimaneutral powered by ClimatePartner®
Druck | ID 12027-1801-1001

Erste Auflage, 2018
ISBN 978-3-8497-0222-9 (Printausgabe)
ISBN 978-3-8497-8126-2 (ePub)
ISBN 978-3-8497-8125-5 (PDF)

Bibliografische Information Der Deutschen Nationalbibliothek:
Die Deutsche Nationalbibliothek verzeichnet diese Publikation in der Deutschen Nationalbibliografie; detaillierte bibliografische Daten sind im Internet über http://dnb.d-nb.de abrufbar.

Carl-Auer Verlag GmbH
Vangerowstraße 14 • 69115 Heidelberg
Tel. +49 6221 6438-0 • Fax +49 6221 6438-22
info@carl-auer.de

CARL-AUER

Spickzettel für Lehrer – systemisch Schule machen

»Hast du einen Spickzettel?« Diese Frage kennen wir noch aus der Schulzeit, aus der Schülerperspektive, wenn es darum ging, sich auf Prüfungen und Klassenarbeiten vorzubereiten. Wechseln wir die Rolle und Perspektive und stellen uns auf die andere Seite des Klassenzimmers, auf der die »Wissenden«, d. h. die Lehrer, stehen. Schnell wird deutlich: Bei aller Erfahrung gibt es doch erhebliche »Wissenslücken« im Umgang mit schwierigen Situationen, ob sie nun das Lernen selbst, die Schule als Organisation oder die Beziehungen und das Verhalten der Beteiligten betreffen.

Systemisch orientierte Pädagogen können sich hier ruhig und entspannt zurücklehnen, wohl wissend, dass sie selbst »Fragende« sind – Fragende bezüglich passender Antworten auf die sich stets wandelnden und neu entstehenden Konfliktfelder in der Organisation Schule, zwischen Schülern und Lehrern, zwischen Schule und Eltern und auch mit dem politischen Umfeld von Schule.

Aus systemischer Sicht sind Schwierigkeiten immer mit Lernchancen verbunden. Wo der Blick vom Problem auf die Lösung wechselt, wo man statt hinderlicher Defizite hilfreiche Ressourcen ins Auge fasst, kommt auch die Haltung in Bewegung. Ein gut platzierter Unterschied zieht dann oft viele positive Änderungen nach sich.

Die Bücher dieser Reihe wollen Einladungen sein, sich auf diese andere Sichtweise einzulassen. Sie sollen Lehrern, Erziehern und Schulleitern Methoden und Strategien zum täglichen Handeln anbieten, die Ihnen die Arbeit – und im besten Fall: das Leben – leichter machen. Sie sind auch Rezepte, die man ausprobieren und mit eigenen Zutaten verfeinern kann.

Ich wünsche Ihnen viel Spaß beim Lesen, Erfahren und Ausprobieren!

Dr. Christa Hubrig

Herausgeberin der Reihe Spickzettel für Lehrer

Inhalt

Einstimmung und Auftakt

Mehr als 30 Jahre nach Paul Watzlawicks ebenso befreiender wie erhellender »Anleitung zum Unglücklichsein« wird es Zeit, einige der hilfreichen Empfehlungen für unsere Berufsgruppe zu spezifizieren und um weitere Erkenntnisse der vergangenen Jahre zu bereichern. So komplex wie der Unterrichtsprozess selbst, so vielfältig sind die möglichen Wege zu komfortablem und dauerhaftem Unglücklichsein. Ein Blick in die Gesichter vieler Pädagogen lässt vermuten, dass es einige schon zu einer gewissen Meisterschaft gebracht haben. Vielleicht finden auch diese das eine oder andere Prinzip hier bestätigt und können es umso bestimmter den jüngeren Kollegen weiterempfehlen.

Wenn Sie als jemand, der nun schon einige Jahre (mehr oder weniger) erfolgreich unterrichtet (wer könnte das besser beurteilen als Sie selbst), dieses Büchlein zufällig in den Händen halten – gestatten Sie sich einen kurzen Blick zurück: Was haben Sie während Ihrer Schulzeit erfahren? Wie viel Ungerechtigkeit gab es in der Schule, im Unterricht? Wie viele Lehrer fanden keinen »guten Draht« zu ihren Schülern? Wie viele haben sich in einen autoritären Lehrstil oder beschämenden Sarkasmus geflüchtet?

Vielleicht litten auch Sie unter der Lustlosigkeit einiger Pädagogen und erlebten eine umfassende und offensichtliche Unsinnigkeit vieler Unterrichtsstunden.

Und Sie sind angetreten, einiges davon anders zu machen – gerechter zu sein, leidenschaftlicher, mitreißender, sinnvoller. Sie interessierten sich für eine spannende Arbeit mit Menschen und (mindestens) einen wissenschaftlichen Bereich – beides ließ sich im Lehrerberuf gut unter einen Hut bringen.

Und nach ein paar Jahren des Unterrichtens, endloser Stunden der Vorbereitung mit immer wieder neuen Ideen und der immer wieder neuen Erkenntnis, dass kaum einer Ihrer Vorschläge so von den Schülern aufgenommen wurde, wie er gemeint war, haben Sie sich für den scheinbar einzig gangbaren Weg entschieden: nur so viel Aufwand wie nötig – und damit so wenig Frust und Anstrengung wie möglich. Zumal es noch so viele andere Anforderungen gibt, die zu erfüllen sind. Viele Schüler besuchen letztlich nur deshalb die Schule, weil sie als pädagogische Zwangsinstitution gesellschaftlich etabliert wurde. (Wie viele Schüler kennen Sie, die freiwillig und freudvoll zum Unterricht kommen würden?)

Hinzu kommen die immer wiederkehrenden mühsamen Erklärungen, warum gerade dieser oder jener Unterrichtsstoff so wichtig sei, und die immer anstrengenderen Schlichtungen zwischen den Schülern, um (konstruktiven) Unterricht überhaupt erst zu ermöglichen.

So könnte es sein, dass Sie auf dem besten Wege sind, sich nachhaltig unglücklich zu machen. Um dieses fundiert und effektiv fort zu setzen, sollen Ihnen die folgenden Kapitel weitere Anregungen geben.

Am Ende werden Sie sich mit großer Wahrscheinlichkeit noch besser entscheiden können, wie unglücklich Sie werden wollen. Es gibt also berechtigte Hoffnung, dass Sie das Maß Ihres Unglücks selbst regulieren können.

Warnhinweis: Falls Sie keinerlei Vorerfahrung im systemischen Denken haben, könnten Ihnen etliche Passagen dieses Buches zynisch erscheinen. Ich kann Sie beruhigen: Es handelt sich dabei um reine Ironie. Es wurde darauf verzichtet, die entsprechend aufzufassenden Abschnitte im Text gesondert zu markieren. Sicherlich erschließt es sich Ihnen schnell, wann Sie die systemisch-ironische Lesebrille aufsetzen müssen.

Zum Auftakt könnten Sie sich einige Fragen zu Ihrem derzeitigen Erleben, zum möglichen Handeln und Ihrer Haltung stellen. Machen Sie es sich bequem. Beine hoch.

Eine Tasse Tee. Die Gedanken frei …

Erleben

- Wie froh bin ich jeden Morgen, mich auf den Weg in die Schule begeben zu dürfen?
- Wie groß ist die Vorfreude auf meine Begegnungen, wenn ich das Schulgebäude betrete?
- Mit welchen Kollegen genieße ich das Zusammensein in den Pausen (und/oder nach dem Unterricht) besonders?
- Auf welche(n) Schüler bin ich heute besonders neugierig?
- Welche Songs würden heute gut zum Soundtrack meines Schulfilms passen? Eher »Spiel mir das Lied vom Tod« oder »Happy Day«?
- Wie gelassen und zuversichtlich erlebe ich die verschiedenen Unterrichtssituationen?
- Welche Phasen des Unterrichtes genieße ich besonders?
- Wie gehe ich aus der Schule, wenn es ein richtig guter Tag war? Was spüre ich dann wo? Welche Ideen kommen auf? Was hat dazu beigetragen, dass es ein guter Tag wurde? Woran hätte ein Beobachter schon zu Beginn erkennen können, dass er gut wird? Wie viele solcher Tage hatte ich im vergangenen Monat? Wie viele sollten es mindestens sein?
- Worauf freue ich mich am Ende der Ferien am meisten, wenn ich an die wieder beginnende Schulzeit denke?

Handeln und Haltung

- Was kann ich tun, damit mehr Songs wie »Happy Day« zu meinem Soundtrack gehören?
- Für welche Kollegen interessiere ich mich besonders? Was unternehme ich demnächst mal mit einem oder mehreren Kollegen?
- Wie lässt sich meine Neugier auf den einen oder anderen Schüler steigern? Was ging mir in ihrem Alter durch den Kopf? Womit habe ich mich beschäftigt?
- Was könnte meine Gelassenheit und Zuversicht stärken? Welche Art und Form der Zusammenarbeit wäre dafür hilfreich? Würde mich beispielsweise eine engere Zusammenarbeit (evtl. mit gegenseitigen Unterrichtsbesuchen) eher verkrampfen oder entspannen?
- Auf welche Weise müsste ich an Schule denken können, damit das Urlaubsende vor allem freudige Erwartung der kommenden Schulzeit bedeutet?

Gelassenheit, Ruhe und Vernetzung stärken Ihre Präsenz.

1 Perspektive

1.1 Seien Sie immer objektiv und positionieren Sie sich – möglichst sofort!

Wie nützlich sind Gelassenheit, Ruhe und Vernetzung?
Um uns positionieren zu können, nutzen wir oft verfestigte Muster, die uns in vergleichbaren Situationen zur Orientierung gedient haben. Als Lehrer mussten wir lernen, Reaktionen zu entwickeln, bei denen unsere Selbstachtung nicht übermäßig angekratzt wird. Wir klammern uns also nicht selten an Muster, die zu gegebener Zeit unsere Autorität gefestigt haben. Und wir nutzen diese immer wieder, auch wenn die Schüler, die Situation und die Zeit ganz anders geworden sind.

Das erinnert ein wenig an die Geschichte von den verscheuchten Elefanten: Alle 10 Sekunden klatscht ein Mann in die Hände. Nach dem Grund befragt, antwortet er: »Um die Elefanten zu verscheuchen.« »Aber es sind doch gar keine hier.« »Na also! Sehen Sie?«

In der Angst, Situationen entstehen zu lassen, die uns wie Elefanten überrennen, klatschen wir immer wieder in die Hände. Letztlich verscheuchen wir damit auch die Beziehungsangebote der Schüler. Das hat einen großen Vorteil: Wer nicht wirklich in Beziehung geht, muss und kann auch keine Verantwortung dafür übernehmen. Der kleine Nachteil: Nachhaltiges Lernen gelingt nur in Beziehung.

Jugendliche prüfen heute sehr genau, wie sinnvoll das Lernangebot und wie stimmig die Lernatmosphäre ist. Der gut gemeinte Hinweis, man solle die Dinge aus der Perspektive auf unsere im Weltmaßstab privilegierten gesellschaftlichen Zustände in der Bundesrepublik sehen, hilft dann nur bedingt. »Sei glücklich, dass du zur Schule gehen darfst« macht den Schüler nicht zwingend glücklicher. Er muss selbst spüren, wie schulisches Lernen ihn beglückt.

Mit gleicher Intention könnte ein Schüler zurückgeben: »Seien Sie froh, dass Sie mich unterrichten dürfen.« Neben der Unverfrorenheit, die eine solche Reaktion hätte, wäre sie zudem unberechtigt, denn als Lehrer leiden wir ja gerade an der Unwilligkeit, Abgeklärtheit und Uneinsichtigkeit der Schüler. Ihre Unfähigkeit, Verhältnisse diszipliniert hinzunehmen, wie sie sind, und sich täglich stundenlang mit Dingen zu beschäftigen, die andere für sie ausgesucht haben, ist doch der Grund für ein unentspanntes Unterrichtsklima. Schulische Verhältnisse und Unterrichtsinhalte zu ändern oder zu modifizieren ist nicht unsere Aufgabe. Im Grunde ist es auch nicht möglich. Also bleibt alles, wie es ist, und sowohl Schüler als auch Lehrer dürfen an den bestehenden Gegebenheiten weiter leiden – bis der Schüler es überstanden hat und der Lehrer sein wohlverdientes Burn-out oder die Frühpensionierung erreicht. (Laut Gerhard Roth [2011] sprechen alle Überprüfungen des Wissens 5 Jahre nach Schulabschluss für einen gegen Null strebenden Wirkungsgrad des Schulsystems.)

Mit Sicherheit haben Sie auch Klassen erlebt, in denen Sie das Gefühl hatten, zu jedem Schüler ein gutes Verhältnis aufbauen zu können. Sie sollten sich jedoch nicht einfach darüber freuen, dass Schüler Sie respektieren und Ihren Unterricht akzeptieren, wie er ist. Hinterfragen Sie kritisch, warum es Ihnen hier so leicht gelingt, ein gutes Lernklima herzustellen. Grübeln Sie, bis Sie etwas finden. Eigentlich müssen Ihnen diese Schüler doch suspekt erscheinen. Vielleicht führen sie etwas im Schilde …

Dabei hilft es, auf die negativen Eindrücke zu fokussieren: Hinten rechts war es heute etwas lauter als sonst; Georg hat die ganze Zeit mit Armin getuschelt; Lea hat Eva so einen merkwürdigen Blick zugeworfen, nachdem sie zu Ihnen geschaut hatte.

Beziehen Sie die Ablehnung, die Ihnen mitunter von Schülern entgegenschlägt, immer auf sich. Sie hat nichts damit zu tun, was der Schüler von sich selbst hält. Vor allem pubertäre Aggression gilt Ihnen – und nicht der eigenen Person oder der Welt ganz allgemein. Auch mürrische Kinder und Jugendliche meinen in Ihrem Verzweifeln an der Welt vor allem Sie. Verdrängen Sie die Erkenntnis, dass Depressionen sich immer häufiger schon in jungen Jahren manifestieren.

Reagieren Sie in jeder kritischen Situation so schnell wie möglich. Lassen Sie sich kurz die verschiedenen Perspektiven schildern und fällen Sie dann sofort Ihr Urteil. Beachten Sie dabei nicht, wie es Ihnen selbst gerade geht oder in welcher persönlichen Situation sich die Beteiligten befinden. Spielen ethische und moralische Werte bei Ihrer Entscheidung eine Rolle – reden Sie nicht (lange) darüber. Irgendwann werden die Schüler schon merken, worum es Ihnen geht. Nur so können Ihre Schüler lernen, dass das Heraufbeschwören von Konflikten bei Ihnen nichts bringt. Sie lösen jeden Konflikt – unbeirrt, unparteiisch und unerbittlich.

Linus:
»Ich bin 14 Jahre alt und gehe in die 8. Gymnasialklasse an einer kooperativen Gesamtschule. Wir wohnen in einem Stadtteil, von dem ich ungefähr eine halbe Stunde mit der Tram zur Schule brauche. Bei mir in der Nähe wohnt aus unserer Klasse nur Max. Bei ihm bin ich in 20 Minuten. Früher war ich oft da. In der Fünften und Sechsten war er mein bester Kumpel. Seit ich viel im Internet unterwegs bin, sehen wir uns außerhalb der Schule nur noch so einmal im Monat.

In der Schule läuft es so semi. Ein Dreierschnitt ist für mich okay – auch wenn ich bis zur Siebten in vielen Fächern zwischen Eins und Zwei stand. Irgendwie hab ich das Gefühl, der Unterricht wird immer langweiliger. Wen interessiert das ganze Zeug? Mein Klassenlehrer Herr B. nervt zurzeit etwas, weil er meint, ich könnte doch viel besser sein.

Und dann heute der Mist in Mathe bei Frau A.: Klassenarbeit geschrieben. Dafür habe ich gestern noch eine halbe Stunde gelernt. Und vor dem Unterricht in den Hefter geguckt. Aber diese blöden Textaufgaben. Zuerst habe ich überhaupt nicht verstanden, was die von mir wollen. Viertel Stunde vor mich hin gestarrt. Dann auf der Rückseite Aufgabe ohne Text gefunden. Ging gut. Mut gefasst und die ersten Aufgaben noch mal angesehen. Und plötzlich: alles klar. Formel aufgeschrieben – Bekanntes eingesetzt – nach Unbekannter umgestellt – ausgerechnet – fertig. Alles easy. Wenn ich das gut schaffe, ist meine Drei in Mathe gesichert.

Ich bin auch schon bei der letzten Aufgabe – weiß genau, wie's geht – und dann klingelt's. Die Zeit ist um. A. lässt einsammeln. Ich kann noch nicht abgeben. Ich will nur noch eine Minute. Die meisten packen schon die Sachen und gehen. Ich höre A. rufen – verstehe sie aber nicht – ich muss mich auf die Aufgabe konzentrieren. Plötzlich zuckt mein Blatt weg – instinktiv schnellt meine linke Faust mit einem Knall darauf. A. steht vor dem Tisch und zerrt an meinem Blatt. »Wenn du jetzt nicht abgibst, ist es eine Sechs.«

Ich beschwöre sie: »Noch eine Minute!« »Du hattest schon fünf mehr als die meisten!« A. wird laut. Ich brülle zurück: »Scheiße, Sie wollen doch gar nicht, dass ich besser werde. Geht Ihnen einer ab, wenn Sie Sechsen verteilen können?!« Vor meinen Augen blitzt es rot und laut. Ich werfe meine Sachen in den Rucksack und renne raus. Mein Herz pocht so wild, als wollte es sich aus meinem Körper befreien. Ich kann jetzt nicht in die nächste Stunde. Ich muss mich beruhigen. Ich gehe nach Hause. Im Internet bin ich nicht allein …«

FragWürdig

Welche Alternativen hat ein Lehrer, wenn ein Schüler nicht in der vorgegebenen Zeit abgeben will? Das hängt zum einen davon ab, wie hoch die Schummelchance für den Schüler war. Ist diese sehr niedrig, ist es nicht verwerflich, einem Schüler einige Minuten mehr zu gewähren (bei jedem Menschen zünden Ideen unterschiedlich schnell). Zum anderen ist zu prüfen, wie stark die Regelvereinbarung für das Ende einer Kontrollarbeit gefährdet ist. Gefestigte Kollektive vertragen kleine Irritationen und

Abweichungen, da sie wissen, dass sie selbst in ähnlicher Situation profitieren könnten.

Denkbar wäre auch, den Schüler ruhig und bestimmt aufzufordern, in den Vorbereitungsraum mitzukommen. Hier könnte man ihm die wenigen fehlenden Minuten gewähren. Eine noch absurdere Idee ist es, völlig auf die schriftliche Note zu verzichten und den Schüler in der nächsten Stunde einer mündlichen Leistungskontrolle zu unterziehen.

Heftige und schnelle Reaktionen führen in den meisten Fällen zu Präsenzverlust. Lassen Sie sich im Kontakt mit Schülern von Gelassenheit und innerer Ruhe leiten (siehe Atemübung unter 1.2). Eine Schulter- oder Armberührung während eines Gesprächs kann Ihre Präsenz verstärken.

Halten Sie einer Provokation stand. Nutzen Sie die Möglichkeiten der Vernetzung, Verzögerung und Öffentlichkeit. Es wirkt entlastend, nicht sofort alles lösen zu müssen. Versuchen Sie, eine Metaperspektive einzunehmen – vergegenwärtigen Sie sich das Geschehen wie in einem Film, in dem Sie eine Hauptrolle spielen. Spulen Sie vor und zurück und schalten Sie auf Zeitlupe. Prüfen Sie die Möglichkeit, dass der Schüler in guter Absicht handelt. Diese Annahme ist genauso hypothetisch wie die Unterstellung einer negativen Intention.

Stärken Sie die innere Überzeugung, dass Ihr eigenes Handeln angemessen und hilfreich ist. Bei gelegentlichem Verlust der Selbstkontrolle kann eine ernst gemeinte Entschuldigung Ihre Präsenz wiederherstellen (vgl. Lemme u. Körner 2016).

Nutzen Sie den Spielraum, den der Rahmenplan Ihnen bietet, und erweitern Sie ihn. In der Präambel sind Sie der Kompetenzentwicklung der Schüler verpflichtet. Erst wenn die Voraussetzungen dafür geschaffen sind, sollten konkrete Wissensinhalte eine Rolle spielen.

Tun Sie alles, was unter den gegebenen Rahmenbedingungen an Ihrer Schule möglich ist, um eine entspannte Lernatmosphäre herzustellen. Dafür müssen Sie und Ihre Schüler sich miteinander und in den Räumen wohlfühlen.

Versuchen Sie, Schüler als eigenständige, träumende, sympathische Individuen wahrzunehmen!

Sympathieübung

Beginnen Sie mit einem Schüler, der Ihnen einigermaßen sympathisch ist (keiner von den ganz tollen und keiner von den ganz anstrengenden).

Gehen Sie direkt auf ihn zu, wenn Sie ihm das erste Mal am Tag begegnen (irgendwo auf dem Schulgelände oder im Klassenraum).
Erkundigen Sie sich, wie er mit dem Unterrichtsstoff zurechtkommt.
Fragen Sie, ob es zurzeit extreme Belastungen außerhalb des Unterrichts gibt.
(Zeigt sich der Schüler in Gesprächslaune, fragen Sie weiter – sonst belassen Sie es vorerst dabei.)
Sie könnten sich dafür interessieren, was den Schüler besonders interessiert – in der Freizeit, in der Schule, in Ihrem Unterricht. Und was ihn gar nicht inspiriert.
Und Sie könnten ein wenig von sich erzählen: Was interessierte Sie in dem Alter des Schülers? Wie lebten Sie damals? Wie leben Sie heute? Was inspiriert Sie heute? Warum?

1.2 Gehen Sie davon aus, dass andere genau das tun, was Sie erwarten!

Wofür genau sind Sie als Lehrer verantwortlich?

Im Grunde gibt es zwei Möglichkeiten, das Handeln anderer, denen wir begegnen, zu interpretieren: als Folge und im Kontext des Wirkens seiner inneren und äußeren Systeme oder als absichtsvolles, vorrangig auf uns gerichtetes Verhalten. Wenn wir Letzteres radikal genug annehmen, dürfen wir uns häufig verletzt, angegriffen

Sie sind für eine hilfreiche Lernatmosphäre zuständig – für sonst nichts.

oder entwertet fühlen. Dann wird das leicht entnervte Lauterwerden eines Verkäufers, den wir nach einem seit Wochen nicht mehr verfügbaren Artikel fragen, zur persönlichen Kriegserklärung (das von ihm vor dem Laden aufgestellte Hinweisschild haben wir übersehen, und wir können nicht ahnen, dass ihn seine Frau gerade verlassen hat, er seinen Job zum Ende des Monats los ist und die Kreditrate für das Haus dann nicht mehr zahlen kann). In der aggressiven Attitüde des Verkäufers zeigt sich sein Frust auf seine aktuelle Situation – nicht mehr.

Und doch gelingt es uns leicht, sein Verhalten auf uns zu beziehen. Indem wir uns mit unserem wahrnehmenden Selbst in den Mittelpunkt eines Geschehens stellen, ist es auf uns bezogen. Es beeinflusst unser Denken und Fühlen sowie unser eigenes zukünftiges Handeln. Wir müssten also lernen, unseren Anteil am Entstehen einer konkreten Situation genauer abschätzen zu können. Üblicherweise ist er wesentlich geringer, als es uns im ersten Moment scheint. Für denjenigen, der seinen Selbstwert an die Größe dieses Anteils knüpft, entsteht auch hier ein fruchtbares Feld für potenzielles Unglücklichsein.

Gerade für Lehrer ergeben sich täglich eine Reihe von Möglichkeiten, Schülerverhalten als unangemessen und provokant zu interpretieren. Eine Erklärung des Verhaltens aus Lebenszusammenhängen und die Einsicht, dass es nicht zwingend als Lehrerverärgerung angelegt ist, brächte jeden Pädagogen um ein gehöriges Maß seiner Unglücksoptionen. Gesa Staake meint sogar, selbst die Leistungserbringung sei Schülerentscheidung (vgl. Staake 2013, S. 34), und behauptet, ob und in welchem Maße sich ein Schüler auf Lernen einlässt, »folgt seiner inneren Psycho-Logik« (ebd. S. 37).

Sollten wir Lehrer wirklich so wenig Einfluss auf das Handeln unserer Schüler haben? Wären dann aufwendige Vor- oder Nachbereitungen von Unterrichtseinheiten überhaupt noch gerechtfertigt?

Sehen Sie sich als Pädagoge ausschließlich selbst in der Verantwortung für die Lernbereitschaft eines Schülers, erschließen Sie sich ein Eldorado selbstzerstörerischer Gedanken. Immerhin definieren wir uns darüber, Schülern etwas beizubringen. Ginge man davon aus, dass sie sich etwas aneignen, wenn es ihr Gemütszustand und eine Idee von Sinnhaftigkeit zulassen, wäre einiges an schulischen Angeboten infrage zu stellen. Wo kämen wir da hin?

Linus:
»Heute hat B. in Physik mit uns mal wieder Gruppenarbeit versucht. Wir sollten einen Abschnitt im Lehrbuch durcharbeiten und uns darüber austauschen. Danach sollten wir die Aufgaben gemeinsam lösen.

Ich war mit Max in einer Gruppe. Er hat ein wenig von zu Hause erzählt. Dass seine Eltern sich wohl trennen werden. Dass er nicht weiß, bei wem er dann wohnen soll. Dass es seiner Oma total schlecht geht. Und dass er außer dem Computerspielen eigentlich nichts hat, was ihm Spaß macht.

Ich hab dann natürlich etwas länger mit ihm geredet – er war schließlich mal mein bester Kumpel. Vor allem über das Spiel, das wir gemeinsam zocken. Der Text über elektrische Arbeit war eh nicht besonders spannend. Miriam und Lea bekommen die Aufgaben auch ohne uns hin und dann lassen wir uns das kurz von ihnen erklären. Außerdem: Ist Computerspielen nicht auch irgendwie elektrische Arbeit? Also sind wir doch voll dabei.

B. sah das allerdings nicht so. Ständig kam er an unseren Tisch und fragte, ob wir den Text schon durch haben. Ich hab das Gefühl, er hat mich jetzt besonders auf dem Kieker. A. ist bestimmt gleich zu ihm gerannt und hat ihm von der Sache in Mathe berichtet.

Als B. das fünfte Mal bei uns war, habe ich nur gesagt, dass er mal etwas entspannen soll und wir das schon hinkriegen. Darauf er: Wenn ich so weitermachen würde, sieht er für mich schwarz. Nicht nur, dass ich keine guten Leistungen mehr bringe, ich hätte auch keinen Respekt mehr. Und er würde gern wissen, was meine Eltern dazu sagen. Das hat man nun davon, wenn man sich um andere kümmert und gut gemeinte Hinweise gibt …«

Hüther bemerkt in *Etwas mehr Hirn bitte*, eine der wichtigsten Kindheitserfahrungen sei für ihn gewesen, einige Personen zu erleben, die ihn einfach so mochten, wie er war, »und die ihre Zuneigung nicht davon abhängig machten, ob das, was ich lernte und ausprobierte und wofür ich mich interessierte, ihren Vorstellungen und Erwartungen entsprach« (Hüther 2015, S. 9).

Das klingt für einen Fachlehrer – mit der Verantwortung, einen Schüler zu lehren, was es in diesem Fach zu lernen gilt – doch absurd und kann sicher so für Lehrer nicht gelten. Auch wenn manche behaupten, es sei unerlässlich, um lebenslang lernhungrig zu bleiben.

FragWürdig und MerkWürdig

Als Lehrer schaffen Sie die äußeren Voraussetzungen für den Unterricht, indem Sie für eine hilfreiche Lernatmosphäre sorgen: klares Thema; Bereitstellen der Arbeitsmaterialien; freundlicher, ermutigender, angstfreier, vertrauensvoller, geduldiger und respektvoller Umgang miteinander. Das ist Arbeit genug. Was ein Schüler daraus macht, liegt nicht in Ihrer Hand. Es sollte Ihre Wertschätzung und Neutralität einem Schüler gegenüber nicht beeinflussen. Jeder psychisch Gesunde verhält sich so, wie es ihm angemessen und nützlich erscheint (Staake 2013, S. 33 ff.).

Langeweile darf und wird im Unterricht von Zeit zu Zeit aufkommen – individuell für jeden Schüler in unterschiedlichen Lernphasen, in unterschiedlicher Intensität und Dauer. Im Sinne von Muße wird sie sogar zur Voraussetzung für schöpferische Prozesse. Wir brauchen also

Toleranz für Passivität. Die Neurowissenschaft bestärkt, dass erst eine (positive) Leere wieder kreative Phasen ermöglicht. Mitunter wäre es hilfreich, jedem Schüler pro Woche eine Mußezeit einzuräumen (je nach Bedarf), in der er sich für eine Mußeübung oder entspanntes Nichtstun entscheiden darf.

Für die Entwicklung individueller Mußesequenzen

- Wobei kannst du gut entspannen, ohne an etwas Bestimmtes zu denken?
- Ist es besser mit offenen oder geschlossenen Augen?
- Sollte der Kopf etwas nach vorn fallen oder auf dem Tisch liegen?
- Wie wäre es, mit zwei Fingern den Unterarm entlang zu klopfen?
- Wäre es gut, die Augenbrauen zu reiben oder die Ohrläppchen zu kneten?
- Welche Bilder kommen auf, wenn du an eine schöne Begegnung der letzten Woche denkst?
- Was war das Netteste, das du in den vergangenen Tagen gehört hast? Wie klingt es jetzt in deinen Gedanken?

Mußeübung Atmen

Zähle beim Einatmen langsam bis fünf. Stelle dir vor, einen wohltuenden Duft aufzusaugen, der dann den ganzen Körper – bis in die Zehenspitzen – durchströmt. Atme tief in den

Bauch. Stelle dir beim Ausatmen vor, eine Kerze auszublasen, und zähle dabei langsam bis fünf.
Steigere die Zähleinheiten beim Ausatmen nach und nach auf zehn.
Spanne während des Einatmens immer mehr Muskeln an. Halte nach dem Einatmen kurz die Luft an. Dann langsam ausatmen und dabei alle Muskeln wieder entspannen. Bis zu fünfmal wiederholen. Anschließend an etwas Schönes denken.

1.3 Schauen Sie nur auf die Schüler selbst – nie auf Ihre Beziehung zu ihnen!

Was ist die Grundlage für gelingendes Lernen?

Eine Schüler-Lehrer-Beziehung ist kein Nullsummenspiel – es können nur beide verlieren oder beide gewinnen. Wem es als Lehrer gelingt, das Vertrauen beständig zu vertiefen und die Toleranz zu erweitern, wird eine andere Haltung zum Leben, zu den Schülern und zum System Schule entwickeln. Es ist eine (kleine) Irritation des Systems. Dieses verändert sich dadurch und wirkt wiederum auf die Akteure zurück. Der befreiende Effekt wird verstärkt – das System ändert sich weiter usw. Die entgegengesetzte Richtung ist ebenso denkbar und dynamisiert sich zudem schneller: Wenn Vertrauen schwin-

Eine grundlegende Voraussetzung für gelingendes Lernen ist eine gute Beziehung.

det und Toleranz geringer wird, entwickelt sich das System Schule zu einem mentalen Eisenkäfig – für Schüler und Lehrer. Ihre Beziehung erbaulich zu gestalten wird anstrengender und schwieriger. Jeder legt sein Herz für 5 bis 8 Stunden täglich in Ketten.

Je weniger wir erleben, dass uns der Aufbau von Beziehungen glückt, umso mehr zweifeln wir an unserem eigenen Wert. Manchmal suchen wir dann nach Wegen, das schmerzliche Fehlen einer harmonischen Selbstbeziehung zu kompensieren. Wir stürzen uns umso verbissener in die Arbeit, gehen einem Hobby exzessiv nach oder betäuben uns mit Flüssigkeiten, Pillen oder Rauchwerk.

Wir können versuchen, weitgehend verlässliche, authentische und feinfühlige Beziehungen mit emotionaler Zuwendung, vielfältigen Anregungen und angemessener Grenzziehung zu leben. Dann fühlen wir uns gut, und unsere Schüler empfinden Geborgenheit. Ihr Forschungstrieb wird aktiv. Dieser Trieb, aus sich heraus wirksam zu sein, ist die Grundlage von Entwicklung. Der Drang zur Selbsttätigkeit ist die Voraussetzung für Lernprozesse. Investieren wir nicht in die Gestaltung unserer Beziehungen zu den Schülern, können wir uns an didaktischen Kniffen und pädagogischen Maßnahmen abarbeiten. 120 Prozent geben, aber wenig nachhaltigen Effekt spüren – ein sicherer Weg auszubrennen.

In die Beziehungsgestaltung zu investieren bedeutet im ersten Schritt Akzeptanz – so weitgehend wie möglich. Wir müssten die Kinder und Jugendlichen in ihrem Handeln annehmen und versuchen zu begreifen, wie sie in eine unübersichtliche, verstörende und verunsichernde Welt mit ihren unzähligen Verlockungen und Möglichkeiten geworfen sind. Eine Welt, für die wir mehr Verantwortung tragen als unsere Schüler.

Wir versetzen uns kurz in Lehrer B. bei seinem Versuch, Max, einen Freund von Linus, zu unterstützen. Max ist ein schlanker, eher kleiner, schüchterner Junge mit hellem Teint. Im Unterricht wirkt er meist müde und wenig interessiert. Nur selten beteiligt er sich am Unterrichtsgespräch.

Lehrer B.:
»Jetzt hat Max seine Hausaufgaben wieder nicht erledigt. Die Androhung einer schlechten Note und der Eintrag ins Hausaufgabenheft haben nichts gebracht. Also letzter Versuch: mal wieder länger in der Schule

bleiben und ihm Hilfe bei den Aufgaben anbieten. Ist für mich blöd, aber für ihn noch blöder. Dass er meine Anweisungen ständig ignoriert, kann ich nicht mehr dulden. Dann mache ich mich vor den anderen Schülern unglaubwürdig. Wenn man Dinge vereinbart, muss man sie auch tun – ohne Disziplin geht es nicht. Da die Hausaufgaben zu Hause angefertigt werden sollen, habe ich die Eltern informiert. Sie sollten mehr darauf achten, dass die Schulaufgaben erfüllt werden. Ich hatte auch überlegt, sie in die Schule einzuladen, aber bei manchen Schülern weiß ich genau, dass das nichts bringt (bei Linus habe ich da mehr Hoffnung).

Durch das Nachsitzen gebe ich Max die Möglichkeit, seine Aufgaben weitgehend in der Schule zu erledigen. So kann er wenigstens meine Aufgaben nicht vergessen. Außerdem bin ich in der Nähe, sodass er mich auch fragen kann, wenn ihm etwas unklar ist. Er hat die Chance, die Aufgaben viel schneller abzuarbeiten, und damit mehr Zeit für andere Dinge. Besonders gern und häufig spielt er wohl Computerspiele.

Ich glaube, er war mir sogar dankbar, dass ich es ihm nicht wieder durchgehen ließ. Und wenn er erst mal merkt, was für ein gutes Gefühl es ist, seine Aufgaben geschafft zu haben, kostet es ihn beim nächsten Mal vielleicht nicht mehr so viel Überwindung.«

Eine durchaus nachvollziehbare Argumentation, aus der sich Werte, Normen und Prinzipien ebenso wie ihre Gewichtung ableiten lassen. Bei einer derartigen Begründung fühlen wir uns als Pädagogen wohl – wir haben das einzig Richtige für den Jungen getan: Nur Disziplin und Konsequenz kann für diesen Schüler noch Gutes für seine Entwicklung bewirken. Wir haben deutlich gemacht, dass Pflichterfüllung eine wichtige Tugend ist. Die Sinnhaftigkeit der Maßnahmen ist kaum zu bezweifeln.

Dabei müssen wir allerdings marktschreierische Stimmen der heutigen Zeit vernachlässigen, wie beispielsweise die des dänischen Familientherapeuten Jesper Juul, der sich allgemein gegen Hausaufgaben ausspricht. Sie seien weniger Aufgaben für die Schüler als vielmehr für die Eltern, da diese für die Erfüllung verantwortlich gemacht würden. Überhaupt wäre der Wert von Hausaufgaben für den Unterricht eher fraglich. In vielen Fällen würde sogar die Verknüpfung von Stress, Konflikt und Angst mit dem

Prozess schulischen Lernens weiter verfestigt. Lernen könne so dauerhaft mit negativem Erleben verknüpft werden und einen inneren Widerstand gegen jegliches (schulische) Lernen erzeugen.

Das Prinzip der Hausaufgabenerteilung ist fast so alt wie die Schule selbst. In den mittelalterlichen Klosterschulen war der Glaube das höchste Prinzip, in den preußischen Kadettenanstalten der Gehorsam. Lohnt es eine Überlegung, ob der Glaube an das Lehrerwort und die unbedingte Disziplin auch heute noch schützenswerte und zeitgemäße Werte darstellen?

Sicher nicht. Denn wir haben doch auch geglaubt, dass Hausaufgaben notwendig und wichtig sind, und sie (meistens) versucht zu bearbeiten. Hat es uns geschadet? Nein. Wir haben uns daran gewöhnt, manchmal Dinge zu tun, von denen andere überzeugt sind, dass sie uns guttun. Und das ist doch eine durchaus hilfreiche Erfahrung.

Einige behaupten zwar, dass dies dazu beitrage, unser Selbstwertgefühl eher zu schwächen. Vor allem die systemische Forschung zeige, wie wichtig die Fähigkeit sei, eigene Körpersignale wahrzunehmen und zu entschlüsseln. Ebenso bedeutsam sei die Entwicklung des Vertrauens in die eigene Entscheidungskompetenz, was für den eigenen Organismus günstig oder ungünstig wirkt. Nur so könne ein Selbstgefühl entstehen, durch das man letztlich die Anforderungen und Irritationen der Umwelt gelassen meistern bzw. verarbeiten könne.

Zurück zu Max und seinen nicht erfüllten Hausaufgaben. Hätte es andere Gründe als fehlenden häuslichen Fleiß, Antriebsarmut oder Gleichgültigkeit geben können? Selbst wenn es so wäre, sollte ein Schüler sich soweit »im Griff« haben können, dass er seine Schulaufgabenpflichten unter allen Umständen erfüllt. Später in einer Ausbildung oder im Beruf fragt auch niemand: Kannst du nicht arbeiten, weil du Probleme zu Hause hast? Hast du ständig Stress mit deiner Frau, weil du in der Wohnung wieder einmal nicht erledigt hast, worum sie dich seit Monaten bittet? Hast du entdeckt, dass deine 13-jährige Tochter regelmäßig Cannabis raucht? Weißt du nicht, wie du den Heimplatz deiner altersschwachen Mutter finanzieren sollst?

Was sind jugendliche Schwierigkeiten gegen derartige Probleme? Der kleine Streit mit der älteren Schwester, die Angst vor dem cholerischen Brüllen des Vaters, das ungute Gefühl beim Anblick der lethargischen Mutter neben der geleerten Weinflasche …

Können und wollen wir als Pädagogen eine Beziehung zu den Schülern aufbauen, bei der wir uns tatsächlich für ihr Erleben und ihre relevanten Kontexte interessieren? Zu allen in jedem Moment ist das natürlich nicht möglich – und sicher auch nicht notwendig. Aber vielleicht punktuell zu manchen und zu gegebener Zeit. Ginge man davon aus, dass die Beziehung grundlegende Voraussetzung für gelingendes Lernen ist, gäbe es noch nicht einmal eine Wahl.

Schauen wir also kurz auf die Folgen für die Beziehung bei oben beschriebenem Lehrerhandeln. Max müsste erkennen, dass er es mit einer konsequenten, mitunter autoritären Pädagogenpersönlichkeit zu tun hat. Vielleicht fehlt ihm eine solche Führungspersönlichkeit in seinem Erleben, und er kann sie als eindrucksvolle Orientierung nutzen. Das Vorgehen hätte also die erwünschten positiven Wirkungen.

Wahrscheinlicher ist jedoch, dass Max den beabsichtigten Effekt als warnendes Beispiel für die anderen und als Autoritätssicherung durchschaut. Die durch die umfassenden Maßnahmen organisierte Machtdemonstration ist wenig dazu geeignet, eine (mitunter kaum vorhandene) Beziehung zu stärken. Max hat jetzt zwei Möglichkeiten: Entweder er unterwirft sich – zumindest vorerst – oder er lässt sich auf den Machtkampf ein. Er zeigt also, dass nichts und niemand ihn zwingen kann, etwas zu tun, von dessen Sinnhaftigkeit bzw. Priorität er selbst nicht überzeugt ist. Und dazu braucht er nicht viel: Er muss nur noch weniger oder gar nichts tun – weder im Unterricht noch zu Hause. Werden die Eltern dann doch wiederholt in die Schule gebeten, wird die anstehende Rebellion gegen die Eltern quasi wie von selbst erweitert und die Macht der Jugend zelebriert, für die die Bedeutung von Zukunft irrelevant und unfassbar ist.

Auf diese Weise kann sich das Unglückspotenzial für den Unterrichtenden vollständig entfalten: Das Aufbauen oder Erhalten eines akzeptierenden, vertrauensvollen Miteinanders wird so nachhaltig zerstört. Der befürchtete Autoritätsverlust tritt erst recht ein (oder wurde bestenfalls aufgeschoben, um sich dann besonders einschneidend zu entfalten). Ein zäher Kreislauf ist in Gang gekommen, bei dem Eltern immer wieder zu Gesprächen erscheinen (sollen), latente Schuldzuweisungen im Raum stehen, ohne ausgesprochen zu werden, und die Eltern und Lehrer auf unfruchtbare pädagogische Weise an dem Jungen zerren.

FragWürdig und MerkWürdig

Die Beziehung ist entscheidend.

- Versuchen Sie, möglichst empathisch die Perspektive des Schülers einzunehmen!
- Was waren aus seiner Sicht die Gründe für sein »Fehlverhalten«?
- Welche Möglichkeiten gibt es, sich über die Konsequenzen des Verhaltens auszutauschen, ohne die Beziehung nachhaltig zu schädigen?
- Was ist mir als Lehrer im Zusammenhang mit der beobachteten Situation besonders wichtig? (Beispielsweise Autorität und Disziplin oder der Versuch, die Entwicklungschancen des Schülers nachhaltig zu erhöhen?)
- Wie kann ich konstruktiv mit Handlungsweisen umgehen, die ich mir als Lehrer von den Schülern anders gewünscht hätte? (Bei nichterfüllten, aber

sinnvollen und notwendigen Hausaufgaben evtl. Nacharbeit während des Unterrichts, während man mit den Schülern, die die Hausaufgaben erfüllt haben, angenehme, kreativ-kooperative Gesprächsrunden, Klausurvorbereitung oder Projekte durchführt).

- Fragen Sie sich, von welcher Art die Beziehung zu einem Schüler im Moment ist! Wie oft freue ich mich, ihn oder sie zu sehen? Wie schnell bin ich genervt? Wie rede ich über den Schüler mit Kollegen, meinem Partner, mit Freunden?

Einiges von dem, wie wir selbst mit uns und unseren Mitmenschen umgehen, überträgt sich auf unsere Schüler.

- Was sind für Sie Merkmale einer gelingenden Beziehung?
- Wie können sich Beziehungen ändern?
- Wofür kann eine Beziehungsveränderung gut sein?

Ihr Körper kommuniziert auch Unbewusstes.

2 Kommunikation

2.1 Nur was gesagt wird, zählt!

Wie und was kommuniziert Ihr Körper?

Kennen Sie das: Sie wissen genau, dass Sie jemandem etwas erklärt oder mit ihm vereinbart haben – Sie haben noch Ihre eigenen Worte im Ohr, und der andere behauptet, davon sei nie die Rede gewesen. Schüler zum Beispiel, die von einem Stoffgebiet oder einer Regel noch nie gehört haben wollen. Wie ist das möglich? Was hat der andere gehört, als Sie glaubten, Erklärungen oder Vereinbarungen zu besprechen? Vielleicht war die Verbindung zum anderen nicht so hergestellt, dass er es hören konnte. Vielleicht war das Gesagte beim anderen in keiner Weise anschlussfähig. Vielleicht war Ihr Körper viel »lauter« als das, worüber Sie sprachen. Sie hörten sich eine Regel formulieren, und Ihr Körper sagte: So wichtig ist mir das aber nicht, und wenn du es anders machst, ist es auch okay.

Das, was mehr über uns und unsere Beziehung zu anderen erzählt als Worte, ist unsere Körpersprache. Ihre

Signale werden meist unbewusst gesendet und gedeutet. So wird auch die schulische Kommunikation vor allem durch Haltung, Gestik, Mimik und Präsenz bestimmt.

Ein Lehrer, der ständig bemüht ist, durch Worte sein Wohlwollen und seine Offenheit den Schülern gegenüber zum Ausdruck zu bringen, und dessen Körper deutlich verrät, wie sehr ihn der Umgang anstrengt und was er eigentlich erwartet, verwirrt die Schüler. Sie lernen schnell, ihm nicht zu trauen. Im besten Fall versuchen sie, den Kontakt soweit wie möglich zu meiden – im ungünstigsten, ihn bei jeder Gelegenheit zu entlarven.

Gelingt es Ihnen also, Ihre Haltung und Stimmung zu prüfen, um dann vor Schülern verbal beständig das Gegenteil zu behaupten, werden Sie erleben, wie schnell Sie auf Ablehnung stoßen. Verkünden Sie, dass jeder Schüler frei über sein Lernverhalten entscheiden könne, ohne es auch nur im Mindesten so zu meinen. Feilen Sie an gewitzten Formulierungen, die potenziell zum Zynismus taugen. Die inhärenten Abwertungen führen sicher zum Ziel. Im Kollegium sollte es ähnlich gut funktionieren. So können Sie in kürzester Zeit den Gang in die Schule zu einem Martyrium werden lassen.

Linus:
»B. ist jetzt richtig genervt. Letztens hat er Max Nachhilfe verordnet. (In der Achten Nachhilfe – hallo?) Max ist natürlich nicht hingegangen. Jetzt ist B. voll sauer auf die Klasse. Er tut zwar verständnisvoll: dass es manchmal Gründe geben könne, Verabredungen nicht einzuhalten usw. Und dass er jedem eine zweite Chance geben würde. Dabei hat er immer versucht, Max nicht anzugucken. Fiel total auf. Und jeder hat gespürt, dass er am liebsten zu ihm gegangen wäre und ihn an den Ohren aus dem Raum gezerrt hätte.

Am Ende der Stunde hat er dann auch gleich einen Test geschrieben. Unangekündigt. Hat er noch nie gemacht. Er meinte, er müsse das wohl öfter tun, damit wir uns besser und kontinuierlicher auf die großen Arbeiten vorbereiten. Alles klar. Wenn er in *der* Stimmung zu uns nach Hause kommt, machen meine Eltern mindestens vier Wochen Stress. Dann kann ich den Computer für eine Weile vergessen. Allein die Infos, die jeden Tag kommen, zu verpassen, wär total blöd.

Irgendwer hat kürzlich gepostet, dass die Oma von Max gestorben ist. Mit 62 Krebs. Echt Scheiße. Vielleicht sollte ich ihn mal wieder zu mir einladen. Uns so richtig ausquatschen. Wie früher. Aber das ist so lange her. Wahrscheinlich will er es auch gar nicht. Beim Onlinezocken habe ich ihn jetzt immer ganz schön angeschrien. In der Schule geht er mir wieder meist aus dem Weg. Überhaupt ist er noch sonderbarer geworden …«

MerkWürdig

Der Körper spricht die unmittelbarste Sprache, in der wir uns mitteilen und die wir zu interpretieren lernen. Sie zeigt den Grad der Souveränität, des Interesses und der Aufmerksamkeit an. Der Psychologe Albert Mehrabian unterscheidet

- Unmittelbarkeitsreize wie Blickkontakt, Körperorientierung und Berührung,
- Entspanntheitsreize wie Raumeinnahme und Anspannung der Hände sowie
- Aktivitätsreize wie Bewegung und Gestik (vgl. Mehrabian 1972).

Körpersprache vermittelt, wie wir uns fühlen, was wir denken und wie wir Situationen bewerten. Hinter jedem Gefühl liegt ein Bedürfnis – mancher Körper schreit förmlich in die Welt, was die Seele vermisst: Wärme, Zuneigung, Anerkennung.

Die Forschung zeigt: Angst und Erregung sind ansteckend. Rhythmen bestimmter Hirnareale sind meterweit messbar und beeinflussen sich offenbar (Lipton 2006). Ebenso ist davon auszugehen, dass auch Zuneigung und Beruhigung ansteckend sind.

Das deutsche Meinungsforschungsinstitut in Allensbach fand heraus, dass Gestik und Mimik 55 % der Kommunikation ausmachen, 26 % entfallen auf die Stimme und 19 % auf den fachlichen Inhalt. Zählen wir die Stimme zur Körpersprache, beträgt der Anteil der Körpersprache an der Kommunikation 81 %.

Selbstexperiment:
Welchem Redner lauschen Sie gern über längere Zeit (unabhängig vom Inhalt)?
Welche unbewussten Signale könnten eine Rolle spielen?
Vielleicht achten Sie einmal bei Gesprächen mit Kollegen, in Dienstversammlungen, bei Weiterbildungen oder anderswo darauf.

2.2 Behalten Sie immer den Überblick und die Kontrolle – vor allem über sich selbst!

Wie hilfreich sind automatische Reaktionen?

Viele Menschen kennen den unangenehmen Effekt einer automatischen Reaktion. Ein provokanter Satz, ein bestimmter Tonfall oder abfälliger Gesichtsausdruck des Gegenübers erzeugt spontan und impulsiv eine abwehrende oder kämpferische Antwort, die kaum rational zu steuern ist. Nicht selten fällt diese emotionale Reaktion unangemessen aus und führt bei einer späteren Reflexion zu einer mehr oder weniger ausgeprägten Reue.

Lehrer sind besonders betroffen. Sie befinden sich permanent in neuen Kommunikationssituationen mit unterschiedlichsten Persönlichkeiten. Erprobte Strategien werden ständig infrage gestellt, da sie nur in bestimmten Situationen mit bestimmten Kommunikationspartnern zum erwünschten Erfolg führen. Automatische Reaktionen führen entsprechend oft zu Unzufriedenheit.

Letztlich machen aber gerade diese Gewohnheitsmuster einen großen Teil unseres Charakters aus. Außerdem sind sie die Grundlage für effizientes Arbeiten – ohne

Automatische Reaktionen sind oft hilfreich – lernen Sie sich kennen!

viel zu überlegen. Alternativen rücken kaum noch ins Bewusstsein. Aufgrund der Plastizität des Gehirns können die eingefahrenen Bahnen jedoch ergänzt werden und damit neue Verhaltensmuster entstehen. Wenn Sie stets vermeiden, über alternative Reaktionen nachzudenken, werden Sie quasi automatisch unglücklicher.

Aufgrund negativer Vorerfahrungen kann die unmittelbare Reaktion besonders heftig ausfallen. Unterschiedliche Gedanken tauchen blitzartig auf, die an frühere Ereignisse gekoppelt sind und entsprechende (negative) Bewertungen beinhalten oder gegen sich selbst gerichtet sind. Die darauf folgende Handlung ist das Ergebnis dieses Verarbeitungsprozesses und entspricht mehr oder weniger einem Kampf-Flucht-Reflex: Angriff, Verteidigung oder Rückzug (vgl. Dietz 2007).

Die Wirkung dieses Verhaltens wiederum kann zum Auslöser automatischer Reaktionen beim Gegenüber führen. Ein Schüler-Lehrer-Verhältnis, das diesen sich in der Regel selbst verstärkenden Wechselwirkungen unterliegt, ist kaum in ein konstruktives Miteinander zu überführen. Legt Ihnen ein Schüler also nach dreimaliger Aufforderung mit triumphaler Miene eine nur halb bearbeitete

Hausarbeit vor, beherrschen Sie sich nicht. Sagen Sie ihm direkt und nachdrücklich, was das für eine Frechheit ist und dass er keinen Grund hat, so zu schauen. Denken Sie nicht darüber nach, dass Menschen, die sich für Halbfertiges feiern, Sie schon immer genervt haben. Beachten Sie auch nicht, dass Sie einer der wenigen Fachlehrer sind, die diesen Schüler überhaupt zu einer Aufgabenbewältigung motivieren konnten. Die Bemerkung des Schülers, dass Sie ihn mal können, unterstreicht seine Infantilität und Respektlosigkeit.

MerkWürdig

Wir können kaum vollständig für uns selbst erkennen, warum wir so handeln und reden, wie wir es tun. Bei anderen können wir es noch weniger. Als Beobachter von außen bleiben alle inneren Erlebnisse eines Gegenübers verborgen wie in einer Blackbox. Für den Erlebenden selbst ist es jedoch der entscheidende Teil seiner Wirklichkeit.

Da also unser Verhalten v. a. durch interne und damit überwiegend unbewusste Prozesse gesteuert wird, legen wir uns im Nachhinein eine rationale Erklärung zurecht, die im Einklang mit den Hypothesen über uns selbst steht. So versuchen wir, unser Handeln logisch zu erklären. Das kann für einen Außenstehenden, dem wir dies erläutern, mitunter abwegig oder irrational erscheinen. Und nicht immer hilft es, gemeinsames Handeln konstruktiv zu gestalten.

Eine Chance besteht darin, mit möglichst großer Offenheit und unbeirrbarer Wertschätzung die konkreten Interaktionen anzugehen. Wenn es uns gelingt, besonnen zu prüfen, welches Verhalten hilfreich ist, können wir viele für alle Beteiligten bereichernde Situationen kreieren.

2.3 Verändern Sie nie Ihr bestehendes Bild von einem Schüler!

Wie lassen sich eingespurte Muster und Sichtweisen variieren?

Wenn Sie auf dem Weg zu einer Ihrer »Lieblingsklassen« daran denken, wer von den Halbverrückten wieder die dümmsten Sprüche machen wird, wer sich heute mit wem zofft und wer unbeteiligt aus dem Fenster starrt, garantiert dies die maximale Bestätigung Ihrer Erwar-

Variieren Sie eingespurte Muster und Sichtweisen!

tungen. Sie bereiten diese Situationen gewissermaßen innerlich vor. Und Ihr Körper teilt es zu einem bestimmten Grad der Klasse mit. Die Schüler brauchen sich im Grunde nur noch Ihrer Erwartung entsprechend zu verhalten. Und Sie sehen dann vor allem das, was Sie genau so vorausgesehen haben – ein probates Mittel, die Unlust auf eine Klasse stetig zu erhöhen. Magendrücken am Vorabend inklusive.

Dass Kevin nicht gleich mit Unterrichtsbeginn angefangen hat, mit Patrick zu streiten (wie in den vielen Stunden zuvor), dass Larissa die ersten 15 Minuten versucht hat, konzentriert mitzuarbeiten, und dass Linda heute gar keinen dummen Spruch für Sie übrig hatte, konnten Sie nicht wahrnehmen. Viel zu sehr war Ihr Geist damit beschäftigt, die (unschönen) Erwartungen bestätigt zu sehen, um wenigstens hieraus das (Un-)Glück der richtigen Prognose zu generieren.

Aber Ihre Erwartung ist ja berechtigt. So viele Stunden waren Sie schon in der Klasse. Und immer wieder die gleichen ätzenden Situationen – egal, wie sehr Sie versuchen, den Stoff anschaulich und abwechslungsreich zu vermitteln. Immer drehen einige frei. Und dann müssen

Sie handeln – die Situation schnell unter Kontrolle bringen, damit der Unterricht wie geplant weitergehen kann. Keine Zeit verlieren. Bis zur nächsten, den Unterrichtsfluss bremsenden Situation. Und immer so weiter. Und immer mehr Anstrengung.

- Warum sollte es sinnvoll sein, den Unterricht langsamer fließen zu lassen?
- Welche Bedürfnisse werden in diesen Situationen deutlich?
- Welche Umstände veranlassen einen Schüler, in jener Situation ein bestimmtes Bedürfnis zu äußern?
- Gibt es jemanden, der das als berechtigt bezeichnen würde?
- Wie wäre es, dessen Perspektive einzunehmen?

Aber Stopp! Bei der Anzahl von Schülern in einer Klasse … und dann vielleicht um jeden so viele Gedanken? Unmöglich.

Allerdings: Wenn man sich in jeder (Brems-)Situation auf einen Schüler konzentrieren würde … Die übrigen Schüler könnten dann miterleben, wie stark Sie daran interessiert sind, einem von ihnen Ihre ganze Aufmerksamkeit zu widmen, um eine Ahnung seiner Verhaltensintention zu bekommen. Und sie würden spüren, dass auch sie selbst zu gegebener Zeit in den Genuss Ihrer ungeteilten Zuwendung kommen.

Andererseits: Ließen Sie sich auf ein derartiges Experiment ein: Würden nicht ständig Störungen provoziert werden? Wäre dann echter Unterricht überhaupt noch möglich? Abgesehen davon, dass jedes einzelne Schülerbild infrage gestellt werden müsste. Worauf könnten Sie sich dann als Lehrer noch verlassen?

Linus:
»B. ist doch ein komplett blöder Idiot.

Heute ist Max durchgedreht. Er hatte Malvin, der bei den letzten Onlinerunden dabei war und eigentlich zurzeit der beste Kumpel von Max ist, im Flüsterchat geschrieben (kann kein anderer lesen). Er denke jetzt oft an seine Oma und kann sich dann schlecht auf das Raid, also den Kampf im Onlinespiel, konzentrieren. Malvin hat es dann auf die virtuelle Pinnwand der Klasse gesetzt (kann jeder aus der Klasse lesen) – so ein Penner.

Max kippelt jetzt immer viel und starrt dabei nach unten. Er ist dann ganz dicht an der Bank hinter ihm. Karl, der bei B. hinter Max sitzt, hat dann so was geflüstert wie: Muss der Max abends immer weinen um die Omi? Da ist Max aufgesprungen, hat Karls Schulsachen vom Tisch gefegt und ist auf ihn los. Er hatte ein ganz rotes Gesicht und die Augen fast zu. Ich sitze hinter Karl und konnte alles genau sehen. Karl hat kaum was abgekriegt, obwohl Max immer wieder in seine Richtung geschlagen hat. Dann kam B. und hat Max von hinten festgehalten. Der fing dann richtig zu schreien an. Das war fast schon psycho. Irgendwann hat er sich beruhigt, ist zusammengesackt und saß ganz still auf seinem Platz.

Dann hat B. über Gewalt gefaselt – 20 Minuten lang. Über ihre Schädlichkeit im Kleinen und dass so letztlich Kriege entstehen, und an dieser Schule wird keine Gewalt geduldet. Die Unversehrtheit aller Schüler stehe an erster Stelle usw. Dass er es der Schulleitung melden wird und Max mit einem Tadel oder Schulverweis rechnen muss. Max hat davon garantiert nichts mitbekommen. Und ich hab mich gefragt, wer Max eigentlich beschützt vor solchen Vollpfosten wie Malvin und Karl. Das hab ich dann auch B. gefragt. Der meinte nur, wenn einer zu prügeln anfängt, ist eine Grenze überschritten. Ich wollte wissen, ob es okay ist, jemanden im Internet oder in der Schule mit Worten fertigzumachen. Da ist B. laut geworden und hat mir verboten zu sprechen. Dann bin ich auch etwas lauter geworden und hab gesagt, dass das ungerecht ist und er ganz schön blind, weil Max noch nie irgendwem was getan oder schlecht über einen geredet hat. Da hat er mich rausgeschmissen und gesagt, ich bekomme auch einen Tadel.«

MerkWürdig

»Für das unmittelbare Unterrichts- und Erziehungshandeln ist die ›Beobachtung der Beobachtung‹ von grundlegender Bedeutung, denn nur, wenn wir die Schülerinnen und Schüler anders zu sehen lernen – frei von unseren eigenen tief eingespurten Mustern und Verschaltungen –, können diese auch anders sein und als das erkannt werden, was sie sind, und weniger als das, was wir in ihnen ›wiederfinden‹«, erklärt der Pädagogikprofessor Rolf Arnold (2007, S. 63).

Verhaltensauffälligkeiten und Disziplinprobleme werden auch deswegen gesehen, weil sie fokussiert werden – die anderen Aspekte der Kinder geraten aus dem Blick.

Arnold meint weiter, ein standardisiertes Vorgehen sei in vielen Fällen eher ungünstig, obwohl es Übersichtlichkeit und Sicherheit sowie Komplexitätsreduktion verheißt.

Ein möglicher Weg bestehe darin, Reflexivität zur Routine werden zu lassen und Entschiedenheit aufzuweichen. Mit Gewissheiten und Zurechnungen sollte behutsam umgegangen werden. Es gibt keine Rezepte für unterrichtliches Handeln (vgl. ebd. S. 110).

- Woran ist aus Ihrer Sicht erkennbar, ob es lohnt, ein eingespurtes Muster zu variieren?
- Wie leicht sollte eine solche Variation möglich sein?
- Wie oft würden Sie sich ein solches Experiment pro Woche zumuten?
- Wie oft möchten Sie eine Modifikation ausprobieren, bevor Sie über einen möglichen Zweck oder Sinn nachgedacht haben?

In Ihrer »Lieblingsklasse« (und allen anderen) könnten Sie einmal folgendes M(W)ut-Ritual testen. Vielleicht bieten Sie es zunächst einem Schüler an, mit dem Sie öfter schon Stress hatten. Oder Sie fragen die gesamte Klasse, wer Mut zu einem Wutritual hat. Dann führen Sie einmal im Monat, einmal in der Woche oder zu Beginn jeder Stunde das Ritual vor der Klasse mit einem Schüler durch. Meist mit einem anderen Schüler und manchmal – falls notwendig – mit einem mehrmals.

M(W)ut-Ritual:

1. Bitten Sie den Schüler, sich eine Situation vorzustellen, in der er in den vergangenen 1–3 Tagen Wut empfand oder Mut brauchte.
2. Veranlassen Sie ihn dann, mit Zeige- und Mittelfinger seiner beiden Hände paarweise die Augenbrauen, Wangenknochen, Schläfen und Stirn entlang zu klopfen.
3. Halten Sie einen Gegenstand (die schmale Seite eines Smartphones, ein Stück Kreide o. Ä.) in Schulterhöhe ca. 40 cm vor ihn. Lassen Sie seinen Blick dem Gegenstand folgen, den Sie langsam von rechts nach links, von oben nach unten, diagonal (jeweils dreimal) und einmal ungeordnet im Zickzack bewegen – der Kopf selbst soll dabei möglichst unbewegt bleiben.
4. Jetzt legen Sie für 30 Sekunden mit leichter Berührung (mit offenen oder geschlossenen Augen) Ihre Hand auf seine Schulter oder Ihren Zeigefinger an seinen. Bitten

Sie ihn dabei, den Empfindungen in seinen Augen nachzuspüren.

5. Lassen Sie nun die Situation wieder imaginieren. Gibt es eine Veränderung? Stellt sich ein anderes Empfinden ein? Formen sich neue Ideen? (Der Schüler kann dies aussprechen, muss es aber nicht.)
6. Abschließend geben Sie dem Schüler ein Tröpfchen Riechöl auf die Hand (innen oder außen), verreiben es und sagen ihm dabei etwas Freundliches, Liebevolles oder Mutmachendes.

Konzentrieren Sie sich auf das Wesentliche!

3 Erleben

3.1 Die Fehlerbeseitigung ist das große Ziel!

Was ist Scham und wie gehen Sie damit um?

Machen Sie sich bewusst, wie angenehm und hilfreich es für Sie war und ist, wenn beim Resümieren Ihrer Arbeit – also der Beurteilung Ihrer geistigen und physischen Investitionen – vor allem Ihre Fehler und Unzulänglichkeiten im Mittelpunkt stehen. Der Schulleiter, der Sie darauf hinweist, dass Sie wieder der Letzte sind, der seine Noten vollständig einträgt. Der Kollege, der Ihnen lächelnd dringend empfiehlt, Schüler Y ganz hart anzufassen, weil er Ihnen sonst weiter auf der Nase herumtanzt. Schüler, die Ihnen zu verstehen geben, wie langweilig sie Ihren Unterricht finden. Ihr Partner, der sich beschwert, weil Sie sich nicht um … gekümmert haben. Früher Ihre Eltern, die meinten, dass Sie Ihr schulisches Potenzial nicht ausschöpfen und Sie sich auch sonst nicht mit Sinnvollem beschäftigen.

In Abhängigkeit davon, wie freundlich der andere Ihnen seine Einschätzungen mitteilt, fühlen Sie sich sofort und tief greifend oder erst später und etwas schleichender abgewertet. Schauen Sie bei Ihren Schülern also vorwiegend auf das, was ihnen wenig oder gar nicht gelingt, und melden Sie ihnen das so oft wie möglich zurück. Auch wenn »Fehler« mitunter nur bedeutet, einen Weg ausprobiert zu haben, der nicht oder nicht rechtzeitig zum Ziel führt.

Der Einwurf, es werde eine Leistung und nicht der Schüler selbst bewertet, kann nur bedingt gelten. Die Leistung ist an die Persönlichkeit gekoppelt und lässt sich bei einer Beurteilung kaum davon trennen. Zumal wir in einer Leistungsgesellschaft leben, deren Mitglieder sich vor allem über Leistung definieren. Der Beurteilte wird es zuverlässig auf sich als Person beziehen. Und selbst einige Aufmunterungen oder Lobe für Erreichtes werden wenig an dem unguten Gefühl ändern. Die psychologische Glücksforschung hat für die Ausgewogenheit von angenehmen und unangenehmen Ereignissen ein Verhältnis von 3 zu 1 ausgemacht. In der Tagesbilanz sollte ein ungutes Erlebnis also durch drei positive ausgeglichen werden. Solange äußere Bewertung und die Beseitigung von »Fehlern« im Fokus unterrichtlichen Handelns stehen, werden viele Schüler diesen Unterricht blöd und überflüssig finden.

Gleichzeitig wird dabei die Instanz des inneren Gütekontrolleurs geschwächt. Im Grunde spüren wir, wann wir richtig handeln: dann, wenn wir dabei das Gefühl haben, uns weiterzuentwickeln. Zudem wachsen Anstrengungsbereitschaft und Leistungsfähigkeit mit dem Empfinden für die Richtigkeit des Handelns. Unterricht ist erfolgreich, wenn es Lehrern gelingt, diese Emotionen bei den Schülern hervorzurufen und sie damit auf ein erfülltes Leben vorzubereiten. Lehrer werden diese Gefühle erzeugen können, wenn sie selbst diese Empfindungen bei ihrem Tun spüren. Konzentrieren Sie sich also auf das, was Sie selbst an Ihrem Unterricht als nicht besonders inspirierend oder hilfreich erleben. Ein Schüler wird Ihren Unterricht umso schneller abzulehnen lernen.

Linus:
»Wieder verrissen. Heute ging es um die Umwandlung von potenzieller in kinetische Energie am Beispiel des Federschwingers. Dazu sollten wir einen Versuch machen und protokollieren. Allein die Vorbereitung!

Formeln raussuchen, alle physikalischen Größen erklären. Und uns dann einen Versuchsaufbau überlegen. Wer braucht heute einen Federschwinger? Und was soll das mit der Energie? Wenn ich viel Energie habe, kann ich viel schaffen. Das merke ich einfach. So einer Feder ist das doch total egal. Ich hab dann B. gefragt, ob er mir das mit der Energie noch mal erklären kann. Der meinte nur: nicht aufgepasst und nicht vorbereitet – das wäre im Moment typisch für mich.

Im Internet ist so was bestimmt gut beschrieben. Vielleicht gibt's auch einen virtuellen Versuchsaufbau, bei dem man Werte verändern kann. Und dann sieht man, was passiert. Dazu ein gutes Tool. Mit Maus und Tastatur wäre ich bestimmt viel schneller fertig und hätte auch noch was kapiert. Aber wir sollen Eisenstangen zusammenbauen und rostige Federn ranhängen. Das ist Steinzeit.

Ich bin natürlich nicht fertig geworden. Das meiste, was ich geschrieben habe, ist bestimmt Schrott. Wenn ich Glück habe, ist es ne Fünf. Im letzten Schuljahr sind wir noch ab und zu raus: Hebelgesetze auf dem Spielplatz. Das war cool.«

FragWürdig und MerkWürdig

Wir verarbeiten das, für das wir kognitiv und emotional aufgeschlossen sind, was uns sinnvoll und brauchbar erscheint – auswendig Gelerntes bleibt träge (Arnold 2007, S. 105). Schüler sollen mit ihrem Wissen kreativ umgehen – dafür muss es beweglich sein.

- Wie ließe sich die Brauchbarkeit von Wissen abschätzen?
- An welchen Aufgaben können Schüler so wachsen, dass sie es selbst spüren?
- Wie viel Abenteuer ist in Schule derzeit möglich?
- Was war für Sie in Ihrer Schulzeit besonders abenteuerlich?

Bieten Sie bewusst merkwürdige Lösungsideen an, die dann – kreativ – geprüft werden können. (Warum nicht mal eine Note für die verrückteste Prüfidee?)

Lernaufgaben sollten so oft wie möglich freie Entscheidungen zulassen.

Wie sehr wir unsere Schüler frei agieren lassen können, hängt u. a. von unserem Menschenbild ab. Was ist Ihnen wirklich wichtig? Welche Werte sind entscheidend?

Wir sollten nicht nur auf die zukünftigen Funktionen

der Schüler im Wirtschaftsleben schauen, sondern sie wachsen lassen, damit sie glücksfähig, kreativ und innerlich stark sein können.

Judith Schalansky lässt in ihrem Bildungsroman *Der Hals der Giraffe* die Lehrerin Inge Lohmark über Schule Folgendes denken: »Es ging gar nicht um Wissensvermittlung. Sondern darum, die Kinder an einen geregelten Tagesablauf und die jeweils vorherrschende Ideologie zu gewöhnen. Das war Herrschaftssicherung. Ein paar Jahre Aufsicht, um das Schlimmste zu verhindern. Das Gymnasium als Stillbeschäftigung bis zur Volljährigkeit. Gute Staatsbürger. Gehorsame Untertanen. Nachschub fürs Rentensystem« (S. 150 f.) Wie viel Wahrheit steckt aus Ihrer Sicht in dieser Einschätzung? Welche Konsequenzen ergeben sich daraus für Ihr pädagogisches Handeln?

Der spanische Pädagoge und Psychologe Pablo Ferrer, der als erster Europäer mit Downsyndrom ein Universitätsstudium abgeschlossen hat, plädiert für ein Konzept der Liebe: jemanden zu nehmen, wie er ist. Er rät, das Konzept der Angst aufzugeben. Es gehe v. a. um die Wertschätzung dessen, was ich vom anderen lernen darf und er von mir. So wäre eine bereichernde Beziehung für beide möglich, und da fange eben auch Liebe an.

Als Lehrer zu lernen, die Schüler nicht zu entmutigen, bedeutet, sich mit der eigenen Scham auseinanderzusetzen. Wenn wir verstehen, wann wir uns beschämt fühlen, können wir besser darauf achten, wann wir beschämen. Ohne es zu wollen, geschieht es aus zwei Gründen:

1. Stress: Befindet sich unser Organismus im (dysfunktionalen) Stresszustand, richtet er sich auf eine einzige Option ein: Überleben. Wir fühlen uns an die Wand gedrängt und verteidigen uns oder gehen zum Angriff über. Dabei achten wir wenig darauf, was wir sagen oder tun.
2. Unbedachtheit: Wir machen uns kaum Gedanken darüber, was unsere Worte oder Taten beim anderen auslösen könnten.

Berechtigte Scham kann ein hilfreiches Gefühl sein. Es dient dazu, unseren intimen oder persönlichen Raum zu schützen. Es löst Ärger in uns aus und weist uns damit auf eine nötige Veränderung hin. Wird Beschämung als ungerechtfertigt oder häufig erlebt, erzeugt sie meist Wut – als Ausdruck für nicht gewürdigte Bedürfnisse (nach Entscheidungsfreiheit, Verständnis, Zugehörigkeit, Bedeutung, Harmonie, Sinn, Geborgenheit, Spaß, Vertrauen, Akzeptanz …). Die Missachtung eines Bedürfnisses wirkt wie ein Schlag in die Magengrube, bei dem die Faust stecken bleibt. Späteres Nachdenken über die Situation spannt sich wie ein Eisenkäfig um das Herz. In jeder Begegnung mit dem Beschämenden werden diese Gefühle wieder aktiviert.

- Welche beschämende Situation haben Sie selbst schon erlebt?
- Wie konnte es gelingen, dass Ihr Schamgefühl ausgelöst wurde?
- Welches Bedürfnis wurde dabei innerlich angesprochen?
- Wurden Sie ärgerlich oder wütend? Wie erklären Sie sich das?
- Wie hat sich Ihr Erleben auf Ihre Beziehung zum Auslösenden ausgewirkt?
- Wie sind Sie dem Beschämer danach begegnet?
- Wie würden Sie sich Ihre Beziehung wünschen?
- Was hätten Sie tun können, um die Scham zu vergrößern?

- Wann gelingt es Ihnen selbst besonders gut, durch ironische oder neckische Bemerkungen jemanden zu beleidigen oder zu beschämen?
- Wer hat im Unterricht zurzeit die meisten Glücksmomente?
- Wie werden diese organisiert?
- Was ist dabei hilfreich?
- Worauf möchten Sie als Lehrer in zehn Jahren zurückschauen?
- Welche glücklichen Momente werden sich für Sie und Ihre Schüler ereignet haben?
- Welche Momente werden besonders wichtig gewesen sein?
- Woran sind glückende Momente zu erkennen?

3.2 Seien Sie, wie die anderen Sie brauchen – auch ohne zu wissen, wer Sie sind!

Wie verantwortungsvoll achten Sie auf Ihre Emotionen?
Wir denken und handeln vor allem auf der Grundlage des »emotionalen Erfahrungsgedächtnisses« (Roth 2003), welches große Datenmengen nahezu gleichzeitig verarbeiten kann. Unsere Entscheidung für eine bestimmte

Gehen Sie verantwortungsvoll mit Ihren Emotionen um.

Handlung ist in der Regel gefallen, bevor sie in unser Bewusstsein tritt. Die rationale Rückschau führt zu einem mitunter nicht ganz einfachen inneren Rechtfertigungsprozess. Emotionen lassen sich nicht verhindern, der Umgang mit ihnen ist aber beeinflussbar.

Ein wichtiger Schritt ist dabei die Erhöhung der Selbstwahrnehmung. Da sich das normale Alltagsbewusstsein vor allem an den Tätigkeiten orientiert, um diese effektiv und schnell zu erledigen, verlangen emotional schwierige Situationen eine gute Selbstführung. Zur Stärkung der inneren Achtsamkeit können eine erhöhte Aufmerksamkeit auf den Körper, also die intensive Wahrnehmung von Körperreaktionen, die zeitweilige Konzentration auf das Atmen und das gedankliche Nachbereiten und Analysieren von schwierigen Situationen dienen. (Verzichten Sie also bewusst darauf.)

Eine Veränderung emotionaler Erfahrungen erfordert, dass man die erlebten Situationen uminterpretiert. Verarbeitungsformen müssen modifiziert werden. Das gelingt vor allem dann gut, wenn neue emotional intensive, positive Erlebnisse die vorhergehenden Überzeugungen im emotionalen Erfahrungsgedächtnis ersetzen.

Wann haben Sie in Ihrem Berufsalltag das letzte Mal direkte Anerkennung und Wertschätzung erfahren? Falls Sie sich nicht erinnern, ist das für die Intensivierung Ihres Unglücklichkeitsempfindens besonders günstig. Das Streben nach Akzeptanz und Selbstachtung gehört zu den Triebfedern menschlicher Existenz. Wenn Ihnen außerdem öfter eine unbedachte Bewegung, ein falsches Wort oder eine ungünstige Entscheidung gelingt, könnten Ihre Mitstreiter – die Schüler – das sofort aufgreifen und (mitunter unter Einbeziehung der Eltern und der Schulleitung) optimal entwürdigend auswerten.

Gesa Staake meint, wer als Pädagoge kooperativ und authentisch mit Verantwortung für seine eigenen Gefühle und ohne Schuldzuweisungen agiert, hat gute Chancen, in einen wirklichen Dialog mit Schülern zu treten. Wo keine Verletzungen durch den Lehrer zu befürchten sind, entstehe ein Klima produktiven Arbeitens. »Wer Freude empfindet an seiner Tätigkeit, sich nicht ständig überanstrengt, überfordert, übermüdet fühlt, kann Überzeugungskraft entwickeln und Freude am Unterricht vermitteln« (Staake 2013, S. 16 ff). Diese Erkenntnis lässt sich auch mit entgegengesetzter Intention nutzen.

Arnold ist überzeugt, dass eigene Lernerfahrungen professionelle Standpunkte als Glaubenssätze prägen, die wie eine sichere Erkenntnis zum Gehorsam zwingen. Wenn berufsbezogene Glaubenssätze zu Misserfolgen führen – spürbar durch Verärgerung, Wut, Unlust, Resignation oder Überforderung –, müsse ein anderer Weg versucht werden. Mit der Idee herauszufinden, was möglich ist, wenn es den Glaubenssatz nicht gäbe. Mitunter ist das Handeln der Lehrenden durch Angstmuster bestimmt. Dann ermöglicht erst der Weg durch die eigene Angst Gelassenheit und Verhaltensalternativen in Bedrängnissituationen. Wenn es nicht gelingt, aus den eigenen bewährten Mustern der Weltdeutung auszusteigen, könne kaum Neues gedacht werden (Arnold 2007, S. 53 ff.). Halten Sie also möglichst starr an Ihren Haltungen, Gewohnheiten und Interpretationen fest und erwarten Sie von Ihren Schülern Veränderung und Entwicklung, ergo Lernerfolge.

Gerade Pubertierende fordern von anderen unbedingte Ehrlichkeit und Authentizität – vielleicht, weil sie selbst gerade sehr verunsichert sind.

Ein ehrliches Ergründen des eigenen Lebens ist Voraussetzung dafür, dass man den Jugendlichen wirklich erreicht. Nur so kann auch er herausfinden, was er (langfristig) will.

Lehrer B.:
»Langsam bin ich ratlos. Ich weiß nicht, was mit meiner Klasse los ist. Bisher hatten wir bis auf ein paar Ausfälle immer ein ganz gutes Verhältnis. Aber jetzt. Kürzlich hat ein Schüler einen anderen im Unterricht zu verprügeln versucht. Gut, dass ich ihn festhalten konnte. Wenn das bei einer Kollegin passiert wäre … Und dann schaltet sich wieder Linus ein. Als ob er es darauf anlegt, mich vor der Klasse bloßzustellen. Wahrscheinlich ist er so aggressiv, weil ihm die Ballerspiele das Gehirn völlig vernebelt haben.

Bis vor Kurzem war er noch einer der Besten in Physik. Und nun hat er sich für einen einfachen Versuch kaum vorbereitet. Normalerweise freuen sich Schüler, wenn sie auch mal etwas Praktisches machen können. Doch wenn sie nicht verstehen, um was es geht, haben sie natürlich nichts davon. Die Mädchen muss ich naturgemäß meistens besonders unterstützen. Und dann fragt mich ein

Linus nach Grundbegriffen, die wir im Unterricht lang und breit besprochen haben. Ich musste mich ganz schön beherrschen, um nicht laut zu werden. Zumal ich gehofft hatte, dass er so langsam begreift, worum es geht. Seine Eltern haben beim letzten Lehrersprechtag eigentlich einen ganz vernünftigen Eindruck gemacht. Ich weiß nicht, wie ich denen erklären soll, was ihr Sohn im Unterricht veranstaltet. Ich werde wohl doch einen Hausbesuch machen müssen …«

MerkWürdig
Für eine angenehme Lernatmosphäre und gelingende Beziehungen ist die Selbsterkenntnis von grundlegender Bedeutung.

Es ist ein wenig so, als schauten wir in einen Spiegel. Die Ansicht unseres Gesichtes von vorn ist uns vertraut. Unser inneres Bild von uns selbst entspricht im Wesentlichen dieser Vorderansicht. Und dann sehen wir beispielsweise in einer Umkleidekabine mit vielen Spiegeln plötzlich mehr von uns: Profil, Hinterkopf, Nacken. Eine innere Repräsentanz davon existiert kaum. Von unserer Umwelt werden wir jedoch immer in unserer gesamten

Körperlichkeit wahrgenommen.

Alle tief greifenden emotionalen Erfahrungen, die wir im Laufe unseres Lebens gemacht haben, sind in unserem Körper gespeichert. Sie teilen sich unbewusst bei jeder Art von Kommunikation mit. Wenn wir von Zeit zu Zeit darauf schauen, fällt es leichter zu verstehen, wie das Gegenüber auf uns reagiert.

Mit dem Unbewussten verhält es sich allerdings wie mit unserem Hinterkopf – wir können nie direkt darauf schauen. Und es verlangt einige zusätzliche »Spiegel«, um zu erkennen, was wir auf welche Weise nonverbal mitteilen. Hier einige Anregungen:

Die verborgene Seite

Schauen Sie zunächst für eine Woche auf Ihre Urteile über andere.

- Welches Verhalten erregt Ihren Unmut?
- Welche Eigenschaften stören Sie?
- Was genau würden Sie Ihren Freunden, Kollegen oder Schülern raten, um ihr Leben angenehmer und freudvoller zu gestalten?
- Steckt in Ihrem Rat auch eine Botschaft an Sie selbst?
- Wäre beispielsweise Ihr Hinweis auch für Sie in manchen Situationen hilfreich?

- Wie würden Sie reagieren, wenn Ihr bester Freund Ihnen genau das raten würde?

Für unsere Selbsterkenntnis brauchen wir vor allem Rückmeldungen. Nonverbal erhalten wir sie permanent. Nicht selten weigern wir uns, diese bewusst zu entschlüsseln. Haben Sie den Mut, nahestehende Menschen um verbales Feedback zu bitten.

- Welche drei Dinge mögen diese an Ihnen am meisten, welche am wenigsten?

Für den Fall, dass Sie Unschönes hören, das nicht auf Sie zutrifft, werden Sie kaum eine Reaktion spüren. Gelassen spiegelt Ihr Körper die unrealistische Einschätzung. Kommt es jedoch zu einer Reaktion – z. B. heftigem inneren Widerspruch –, untersuchen Sie diesen Aspekt genauer.

- Gab es jemals in Ihrem Leben eine Situation, in der Sie sich auf die beschriebene Weise unschön verhalten haben?
- Können Sie Ihren dafür verantwortlichen inneren Anteil annehmen oder versuchen Sie, ihn zu negieren?
- Unter welchen Bedingungen und aus welchem guten Grund hat dieser Anteil Sie zu diesem Verhalten veranlasst?
- Wie hat sich Ihr damaliges Verhalten auf Ihr folgendes Leben ausgewirkt?
- Unter welchen Umständen würden Sie sich auch heute so verhalten?

Die Gefühlswolke

Für das Erstellen einer emotionalen Cloud müssen wir unser Selbsterforschungslevel weiter erhöhen. Wir versuchen, unsere Gefühle, die im Zusammenhang mit einer Unterhaltung, einem Streitgespräch – also einem Dia- oder Polylog – in uns auftauchen, zu identifizieren und zu interpretieren. Denken Sie an ein wichtiges Gespräch mit Kollegen oder Schülern in der vergangenen Woche.

- Welche Gefühle wurden vor, während oder nach der Kommunikation ausgelöst?

Notieren Sie das wichtigste Gefühl, das aufgetaucht ist, in großen Buchstaben in der Mitte eines weißen Blattes. Weitere Gefühle schreiben Sie etwas kleiner an anderer Stelle des Blattes auf.

Achten Sie bei Ihrem nächsten interessanten oder intensiven Gespräch darauf, welche Gefühle auftreten – davor, währenddessen und danach. Wenn diese denen auf dem Blatt entsprechen, verstärken Sie sie. Weitere tragen Sie zusätzlich ein.

Nach sieben Interaktionen schauen Sie sich Ihre Gefühlswolke an.

- Welche Emotionen wurden besonders häufig ausgelöst?
- Wozu könnten die auftretenden Gefühle dienen? Worauf sollen sie hinweisen?
- Was wäre anders, wenn diese Emotionen nicht auftreten würden?

Die kleine Freundlichkeit

Jeder Mensch hofft darauf, dass ihm die Welt freundlich begegnet. Und selbst wenn diese Hoffnung viele Male enttäuscht wird, bleibt ein Quäntchen, für das sich der nächste Tag lohnen könnte. Nur selten fragen wir uns, wie viel Freundlichkeit von uns selbst ausgeht.

Entscheiden Sie ganz bewusst, mit welcher kleinen Freude Sie die Welt heute überraschen werden. Und feiern Sie sich anschließend angemessen dafür.

Fragen Sie sich am Ende eines Tages, welche Liebenswürdigkeiten Sie gezeigt haben.

- Welchem Schüler haben Sie ein Lächeln geschenkt?
- Welchem Kollegen oder Schüler haben Sie ein nettes Wort gesagt?
- Wer hat von Ihnen Unterstützung erhalten?
- Über wen haben Sie heute besonders wohlwollend nachgedacht?

Wenn Sie ehrlich ergründen wollen, wie sehr Ihnen das Unterrichten am Herzen liegt, vervollständigen Sie einmal folgenden kurzen Text. Möglichst ohne langes Nachdenken. Und möglichst so, dass ein anderer in ca. drei Minuten versteht, was Sie meinen.

- Unterrichten bedeutet für mich: …
- (konkreter: Unterrichten in Klasse … bedeutet für mich: …)
- Auf … könnte ich verzichten.
- Besonders genieße ich: …

3.3 Schauen Sie immer auf das Wohl Ihrer Schüler – nie auf Ihr eigenes!

Warum und wofür sind Sie Lehrer?

Nur wenn die Unterrichtenden bei den ständig zu treffenden Entscheidungen ein überwiegend gutes Gefühl haben und sie in ihrem Berufsalltag Zufriedenheit verspüren, können sich die Unterrichteten an ihnen orientieren, Sinn erfahren und ein überwiegend positives Lebensgefühl entwickeln. Dabei ist eine der wichtigsten Eigenschaften die Gelassenheit, die für die meisten Menschen nur durch eine möglichst freie äußere Betrachtung der Situationen, Personen und Umstände möglich wird.

Sorgen Sie sich also mit aller Kraft ausschließlich um das Wohl Ihrer Schüler. Ignorieren Sie, dass uns nur das eigene gute Grundgefühl handlungs- und kontaktfähig macht. Investieren Sie immer mehr und erleben Sie den entgegengesetzten Effekt. Werden Sie auf diese Weise unzufrieden mit sich. Sie werden sich immer unwohler fühlen und dann in sozialen Kontexten eher befangen, mit Rückzug und Lustlosigkeit agieren.

Ein wichtiges Gebot zur Unglücksmaximierung von Lehrern: Zweifeln Sie, so gut es geht, an sich selbst – umso

Machen Sie sich bewusst, wofür Sie Lehrer sind!

distanzierter werden Sie Ihren Schülern begegnen. Bereichernde Beziehungen werden unmöglich. Zudem kann es den Schülern im Unterricht kaum besser gehen als Ihnen selbst.

Da der Lehrende immer »mitgelernt« (vgl. Hüther 2006) wird, entsteht ein fulminanter Teufelskreis. Empathie gelingt dann kaum noch. Sie ist auch beim Lernen als emotionalem Prozess nur in entspannten Situationen möglich. Werden außerdem tiefere Ebenen der Persönlichkeit angesprochen und Reaktionen zur Wahrung der Identität und der damit verbundenen Werte und Überzeugungen ausgelöst, laden sich die Spannungen emotional auf und eskalieren. Eine Lösung auf argumentativer Basis ist kaum noch möglich. Stress stellt sich wie von selbst ein. Und der wird so richtig unangenehm, wenn er als sinnlos und unüberwindbar erlebt wird.

Wissen Sie eigentlich noch, warum Sie Lehrer werden wollten? War es die Liebe zum Wissen? Oder zum Lernen? Oder wollten Sie andere unterstützen und begleiten dürfen auf ihrem Weg ins Leben? Und steckte hinter dieser Hilfsbereitschaft noch etwas anderes? Wollten Sie imponieren? Wollten Sie Bewunderung und Dankbarkeit erzeugen?

Um letztmalig eine – böse – Analogie zu Watzlawicks Unglücklichkeitsanleitung herzustellen, der in einem Feuerwehrmann einen verhinderten Pyromanen und im Polizisten einen verkappten Verbrecher zu sehen vermag (Watzlawick 1983, S. 109 f.): Sind Sie vielleicht Lehrer geworden, weil Sie eigentlich nie erwachsen werden wollten? Oder hat es Sie gereizt, manchmal schon mittags Schluss und viel Ferien zu haben? Sind Sie also im Grunde zu wenig arbeitsaffin – so wie Sie damals zum Teil Ihre Lehrer erlebt haben?

Spüren Sie Ihren ursprünglichen Intentionen noch einmal ganz bewusst nach. Wenn Sie sie aufgespürt haben und damit vergleichen, wohin Sie diese Annahmen heute geführt haben, sollte sich daraus reichlich Unglückskapital schlagen lassen.

Linus:
»Heute ist es so weit. B. kommt am Abend. Ob er mein Zimmer sehen will? Ich hab natürlich nicht geschafft, es richtig aufzuräumen, obwohl lange nicht so viel rumliegt wie sonst. Aber wann auch? Seit ich mir mit der Schule wieder mehr Mühe gebe, wird es immer schwieriger. In Bio hatte ich mir Zusatzaufgaben geholt – haben aber

nichts gebracht, weil ich sie zu spät abgegeben habe.

Das mit Max war wichtiger. Er war letztes Wochenende bei mir. Der ist ganz schön unten. Ich glaube, das Reden hat ihm etwas geholfen. Ich wusste gar nicht, dass er einen Stiefvater hat. Seine Mutter rastet zurzeit instant aus, wenn er irgendwas will. Einen richtigen Freund, der öfter was mit ihm unternimmt, hatte er in letzter Zeit wohl doch nicht. Na ja, ein bisschen merkwürdig ist er manchmal. Ich hab ihm versprochen, dass er in unserem Onlineclan bleiben kann, solange ich Clanchef bin. Das hat ihn aufgemuntert. Am Sonnabend haben wir dann noch bis kurz nach zwei gezockt. Am Sonntag war ich zu fertig für Hausaufgaben.

Da lief es am Montag bei B. wieder mal bescheiden. Egal, was ich sage oder frage, B. ist immer genervt. Heute Abend werde ich am besten gar nichts sagen oder ich bleibe gleich in meinem Zimmer und schließe mich ein. Sie werden sowieso nur auf mir rumhacken: Du musst dich mehr anstrengen, du willst doch nicht sitzen bleiben, Schule ist wichtig, du bist doch nicht dumm … Ja genau. Ich weiß schon, was wichtig ist. Lasst mich doch einfach in Ruhe.«

FragWürdig und MerkWürdig

Eine Langzeitstudie zu unkonventionellem Denken mit 1.500 Teilnehmern ergab, dass unter 3- bis 5-Jährigen 98 % als genial einzustufen sind. Fünf Jahre später waren es noch 32 %. Als die Teilnehmer ein Alter von 13–15 Jahren erreicht hatten, waren es knapp 10 % (zum Vergleich wurden 200.000 Erwachsene – 25 Jahre und älter – getestet: Dabei konnten nur noch 2 % als genial gelten).

Fast alle haben also im frühen Kindesalter die Anlagen, genial zu sein: Was lässt diese Anlagen verkümmern?

Auch wenn die schulischen Rahmenbedingungen es meist nicht fördern, gelingt es manchmal, Schüler ihr Talent entdecken und sie das tun zu lassen, was sie können und wofür sie sich begeistern. Das ermöglicht ihnen wirkliches Wachstum und den Erhalt ihrer Genialität. Das wäre echte pädagogische Fürsorge.

Der erste Schritt zur Fürsorge ist allerdings die Selbstfürsorge.

Gestalten Sie Ihren Arbeitsplatz so angenehm wie möglich. Verlangen Sie sich nicht immer das Höchstmaß ab und etablieren Sie eine grundlegende Wertschätzung aller Gesprächspartner (Schulleiter, Eltern, Kollegen) – oft ist es hilfreich, die Sach- und Beziehungsebene zu unterscheiden (Staake 2013, S. 41 ff.).

Analysieren Sie Ihre Stressfaktoren. Schalten Sie die unnötigen aus. Dem, was übrig bleibt, sollten Sie sich gewachsen fühlen. Stress kann uns mutiger und sozialer machen, Energien freisetzen und uns für zukünftige Krisen trainieren. Wer Sinn in Ereignissen und Aufgaben sehen kann, erlebt diese weniger als Überforderung.

So sehr wir als Lehrer auf die schulischen Anforderungen schauen, so sehr dürfen wir die ganz eigenen Bedürfnisse nicht verdrängen. Die komplexen Aufgaben eines Lehrers anzunehmen ist im Grunde genommen Dienst an der Gesellschaft – es bedient also unsere loyale Seite: Auf diese Weise gehören wir zur großen Gemeinschaft. Unsere autonome Seite zeigt sich mit ihrem Bedarf nach Tätigkeiten und Erleben, das vor allem auf uns selbst bezogen und für uns selbst bedeutend ist. Letztlich geht es uns auf lange Sicht nur gut, wenn loyale und autonome Erfahrungen für uns passend ausbalanciert sind. Dann sind wir glücklich und können glücklich wirken – eine wichtige Erfahrung für unsere Schüler. (Die langfristige Verdrängung autonomer Bedürfnisse bildet u. a. den

Nährboden für Suchtentwicklungen.)

- Welche Dinge würden Sie sich von Zeit zu Zeit gern gönnen, die nichts mit der Schule zu tun haben?
- Wann haben Sie sich das letzte Mal dafür Zeit genommen?
- Wie haben Sie sich danach gefühlt?
- Wann wäre es demnächst mal wieder möglich?
- Welche Vorbereitungen wären dafür notwendig?
- Wer könnte Sie dabei unterstützen?
- Wer würde es toll finden, wenn Sie sich mal wieder dazu entschließen?
- Wen hätten Sie gern dabei?
- Was gönnen Sie sich morgen?

Anregungen für fachübergreifende Projekte

Zu den einzelnen Themen folgen übergreifende Fragen mit Hinweisen, in welchen Fächern diese eine besondere Rolle spielen könnten. Danach ist für zwei Themen der 7. und drei der 8. Klasse eine mögliche Ausdifferenzierung für die verschiedenen Unterrichtsfächer aufgelistet. Eine Entwicklung weiterer Themen und Fragen (v. a. durch die Schüler) ist dabei natürlich erwünscht. Die Projekte können je nach organisatorischem Spielraum und Geschick in einer mehrwöchigen Kompaktphase (3–6 Wochen) oder jahresbegleitend in Kleingruppen bearbeitet werden.

Klassenstufe 7

Thema 1: Freunde

- *Was ist ein Freund/eine Freundin? (Philosophie/Religion)*
- *Warum sind Freunde wichtig? (Deutsch)*
- *Wie wird man zum Freund/zur Freundin? (Philosophie/Religion)*
- *Wie werden Freundschaften in Serien und Filmen dargestellt? (Mathematik)*
- *Wie werden Freundschaften in der Literatur dargestellt? (Deutsch)*

Deutsch

- **Jugendbücher zum Thema »Freundschaft in der Literatur«**

1. Informiere dich über das Angebot zum Thema in Buchhandlungen und Bibliotheken!
2. In welchem Verhältnis stehen Angebot und Nachfrage?
3. Ist das Interesse an diesen Büchern stärker bei Mädchen oder bei Jungen ausgeprägt?
4. Fasst die Ergebnisse in einer Gruppendiskussion zusammen!

- **Erarbeitung einer Buchempfehlung als Kurzvortrag**

1. Warum hast du dieses Buch gewählt?
2. Welche Probleme werden aufgeworfen?
3. Stelle die Hauptpersonen des Buches vor!
4. Beschreibe die Erzählweise und gib Informationen zum Autor!
5. Wähle eine für dich besonders interessante Textstelle aus und gib eine Leseprobe!

Englisch

- **Questionnaire: Friends**

1. Questionnaire with things and behaviour your friend should have
2. What does TV say about friends?
3. Special literature for boys and girls about: I can/can't live without friends
4. Discuss the results

Philosophie

- **Begriffsklärungen und Bedeutung**

1. Was bedeutet Freundschaft?
2. Wie wichtig sind Freunde im Leben?
3. Wie wichtig ist Vertrauen für eine Freundschaft?
4. Wie kann man verlorenes Vertrauen zurückgewinnen?
5. Wie darf man als Freunde streiten?
6. Wie wichtig ist Toleranz in einer Freundschaft?

Geografie

- **Völkerfreundschaften/Völkerfeindschaften**

1. Warum leben benachbarte Völker nicht immer freundschaftlich?
2. Ermittelt die Lage Israels und der benachbarten Länder!
3. Worin liegen die Ursachen des Kriegskonflikts?
4. Beschreibt und analysiert die Kriegsparteien!

Informatik

- **Freunde übers Internet**

1. Suche einen Gesprächspartner in einem geeigneten Chatroom!
2. Verabrede dich mehrfach mit ihm!
3. Tausche dich über konkrete Themen mit ihm aus!
4. Erstelle eine Steckbrief-Homepage über dich!
5. Besorge ein Foto (Steckbrief) von deinem Gesprächspartner!

Mathematik

- **Fernsehfreunde**

1. Wählt fünf große Fernsehsender aus und ermittelt für eine Woche, in wie vielen Sendungen es vorrangig um Freundschaften geht!
2. Erstellt zur Auswertung ein Balkendiagramm und gebt die prozentualen Anteile an!
3. Wählt je zwei Sendungen pro Sender aus und untersucht genauer, um welche Themen es geht!
4. Erfragt für eure Klasse, welche der untersuchten Sendungen gesehen wurden!
5. Wertet die Befragung rechnerisch und grafisch aus!

Physik

- **»actio gleich reactio«**

1. Die Kraft ist eine Wechselwirkungsgröße. Kraft und Gegenkraft treten auf. Veranschaulicht dieses Prinzip auf geeignete Weise!
2. Übertragt dieses Prinzip auf Beziehungen zwischen Menschen! Versucht, »actio« und »reactio« anhand menschlicher Kommunikation zu erläutern!
3. Bei welchen »Kräften« entstehen freundschaftliche »Gegenkräfte«, bei welchen feindliche?
4. Entwickelt ein Schema, in dem das physikalische Prinzip durch menschliche Verhaltensweisen veranschaulicht wird!

Biologie

- **Die menschliche Entwicklung**

1. Fortpflanzung und Sexualität des Menschen
2. Das Erwachsenwerden
3. Beziehungsprobleme und Konfliktlösung

Französisch

- **Freunde und Sprache**

1. Erarbeitung von Wortfeldern
2. Bedeutung von Freunden (Adjektive)
3. Situationen/Aktionen/Probleme mit Freunden
4. Freundschaften in französischen Medien

Musik

- **Freundschaften in der Musikgeschichte**

1. Berichte über Freundschaften berühmter Musiker mit anderen Musikern oder Personen ihres Umfelds!
2. Was verband die Freunde miteinander?
3. Welche Auswirkungen hatte diese Freundschaft jeweils auf das Schaffen des Musikers?
4. Nenne Werke, die »Früchte« dieser Freundschaften waren (Klangbeispiele)!

Thema 2: Sport

- *Stelle deine Lieblingssportart vor! (Deutsch)*
- *Beschreibe Anfang und Entwicklung der Sportart! (Geschichte)*
- *Wie viele Menschen betreiben den Sport heute in Deutschland/in der Welt? (Mathematik)*

- *Beschreibe und erläutere die Sportgeräte! (Deutsch/Physik)*
- *Welche Wettkämpfe werden ausgetragen? (Geografie/Mathematik)*

Klassenstufe 8

Thema 1: Liebe, Neid und Eifersucht

- *Was ist Liebe? (Philosophie/Religion)*
- *Wie entsteht Neid und was bewirkt er? (Sozialkunde/Biologie/Chemie)*
- *Was kann man gegen Eifersucht tun? (Sozialkunde)*
- *Wie wichtig sind positive und negative Gefühle? (Philosophie/Deutsch)*
- *Welche Gefühle spielen in vielen Serien und Filmen die Hauptrolle? Warum? (Deutsch/Mathematik/Sozialkunde)*

Philosophie

- **Begriffsklärungen und Bedeutung**

1. Wie wichtig ist Liebe im Leben?
2. Wie wichtig ist Vertrauen für eine Liebe?
3. Wie kann man verlorenes Vertrauen zurückgewinnen?
4. Wie entsteht Eifersucht?
5. Wie wichtig ist Toleranz für eine Liebesbeziehung?

Deutsch

- **Liebe in der Romantik**

1. Wähle zwei Dichter der Romantik aus!
2. Nenne wichtige Stationen aus dem Leben der beiden Dichter!
3. Was versteht man unter »Lyrik«?
4. Stelle einige lyrische Werke der gewählten Dichter kurz vor!
5. Wie verarbeiten die Dichter das Thema Liebe?
6. Nutze Sekundärliteratur zur Ausarbeitung!
7. Fertige ein ca. zehnminütiges Referat an!

Englisch

- **USA-Quiz**

1. Make a quiz about the USA (about 30 questions)!
2. Use pictures and multiple choice questions!
3. *Zusatz*: Look for American or English songs or poems!
   - Introduce them to your class! What is it about?
   - Try to find good German translations!
     Write your own song or poem!

Mathematik

- **Statistische Erhebung und Datenanalyse**

1. Was versteht man unter einer statistischen Erhebung?
2. Wie werden Fragebögen entwickelt?
3. Was ist der Zentralwert einer statistischen Erhebung?
4. Wie lassen sich statistische Erhebungen grafisch auswerten? Beschreibt einige Beispiele!

5. Entwickelt geeignete Fragestellungen für Euren Fragebogen (Fernsehsendungen zum Thema, Verliebtsein, Eifersuchtsgefühle)!
6. Bestimmt den Zentralwert eurer Datenanalyse!
7. Wertet eure Erhebung grafisch aus!

Erstellt eine Gleichung mit einem »Liebesterm«!

1. Was sind Variablen?
2. Was sind Terme?
3. Was sind Gleichungen?
4. Welche »Variablen« entscheiden über die Zuneigung zu einem Menschen?
5. Mit welchem Faktor beeinflussen die Variablen jeweils den Liebesterm?
6. Mit welchen Operationen lässt sich der Liebesterm bilden?
7. Erläutert, ob es eine oder mehrere »Liebesgleichungen« geben müsste!

Informatik

- **Liebe und Internet**

1. Sammle Informationen zum Thema Liebe im Internet!
2. Vergleiche diese Informationen mit anderen Quellen!
3. Kann aus einer Internetfreundschaft Liebe entstehen?

Französisch

- **Liebe und Sprache**

1. Erarbeitung von Wortfeldern
2. Liebe, Neid und Eifersucht in unterschiedlichen Situationen

3. Liebe, Neid und Eifersucht in den französischen Medien
4. Foto-Love-Story auf Französisch

Musik

- **Liebe, Eifersucht und Musik**

1. Zahlreiche Werke des Musikschaffens haben die Thematik aufgegriffen. Findet heraus, welche Werkgattungen das besonders betrifft!
2. Nennt konkrete Beispiele aus den einzelnen Epochen (Barock, Klassik, Romantik, 20. Jahrhundert)!
3. Welche verschiedenen Lösungen werden gezeigt?
4. Untersucht, welche Lösungen in bestimmten Epochen überwiegen!

Thema 2: Computerspiele

- *Welche Arten von PC-Spielen gibt es? (Deutsch, Geschichte, Mathematik)*
- *Welche PC-Spiele werden am häufigsten gekauft? (Mathematik, Physik)*
- *Warum sind einige Spiele besonders beliebt? (Sozialkunde, Biologie, Physik)*
- *Stelle einige ausgewählte Spiele vor und bewerte sie! (Deutsch, Sozialkunde)*

Deutsch

- **Informationen aus Sachtexten**

1. Sammelt Artikel über neue Spiele!
2. Sammelt Artikel über »Gewalt in Computerspielen«!

3. Notiert wesentliche Aussagen in Stichpunkten!
4. Führt eine Gruppendiskussion zu den Aussagen durch!
5. Wertet statistisches Material zum Konsumverhalten aus!
6. Sammelt Artikel über Spielsucht!
7. Notiert wesentliche Aussagen in Stichpunkten!
8. Führt eine Gruppendiskussion zu den Aussagen durch!

Englisch

- **Computer games**

1. Questionnaire: What kinds of computer games do kids like?
2. Questionnaire: What kinds of computer games do kids have?
3. Give reasons!
4. Talk about your favourite game!

AWT (Arbeit, Wirtschaft, Technik)

- **Verbraucherschutz und Spielbewertung**

1. Informiert Euch über die gesetzlichen Grundlagen für Altersbeschränkungen bei Computerspielen!
2. Erstellt eine Liste mit Computerspielen/ Computersoftware, die für
   a) Kinder im Vorschulalter
   b) Schüler im Alter von 7 bis 10 Jahren
   c) Schüler im Alter von 11 bis 14 Jahren und
   d) Schüler im Alter von 15 bis 18 Jahren geeignet sind!
3. Nach welchen Kriterien entscheidet ihr über die Qualität eines Spiels?
4. Analysiert drei Spiele nach diesen Kriterien!

Sozialkunde

- **Historisches Wissensspiel**

1. Erarbeitet ein Thema mit historischem Inhalt!
2. Entwickelt daraus Frage- und Aufgabenstellungen!
3. Verarbeitet historische Ereignisse zu einem Spiel! Entwickelt dazu Spielfeld, Figuren und Zubehör!

Informatik

- **Spielgeschichte**

1. Erforscht die Rolle von Spielen in der Geschichte der Datenverarbeitung!
2. Welchen revolutionären Einfluss haben Computerspiele auf die Hard- und Softwareentwicklung?
3. Analysiert den Unterschied zwischen herkömmlichen Gesellschaftsspielen und Computerspielen!
4. Können Computerspiele einsam machen?
5. Untersucht das Preis-Leistungs-Verhältnis bei ausgewählten Computerspielen!

Mathematik

- **Potenzen und Stochastik**

1. Erläutere die Rolle von Potenzen bei der Umrechnung von Zahlen in Binär-Codes!
2. Gib die Parameter für die Leistungsfähigkeit eines Computers in Zehnerpotenzschreibweise der Grundeinheiten an! Erläutere Besonderheiten der Umrechnungen!
3. Entwickelt einen Fragebogen zum Thema (Art der Spiele,

wie lange täglich, wie viel Geld ausgegeben etc.)!

4. Wertet den Fragebogen prozentual und grafisch aus!

Französisch

- **Sprache und Computer**

1. Wortfelder und Fachbegriffe (l'ordinateur)
2. Internet-Adressen in Frankreich (Spiele, Musik, Videos)
3. Französische Lernprogramme
4. Französische Computerspiele – franz. Spielanweisungen

Physik

- **Computerwärme**

1. Ermittelt die Ursachen für das Entstehen von Wärme beim Betreiben eines Computers!
2. Welcher Energiemenge entspricht die Wärmemenge, die während fünf Stunden »erzeugt« wird?
3. Was geschieht mit der vom Computer »produzierten« Wärme? Warum?
4. Wie ließe sich diese Energie sinnvoll nutzen? Erörtert technische Umsetzungen!

Thema 3: Style

- *Wie wird festgelegt, was »in« ist? (Sozialkunde, Deutsch)*
- *Wie wird die jeweilige Mode verbreitet? (AWT, Mathematik)*
- *Wie hast du deinen Stil gefunden? (Philosophie, Deutsch, Biologie)*
- *Wie wichtig ist es, gestylt zu sein? Warum? (Sozialkunde, Philosophie, Musik, Geschichte)*

Ausklang mit Traum

In einer Zeit, in der es wieder gelingt, Fremde bedrohlich erscheinen zu lassen, ist die Erfahrung von Freundlichkeit und Freundschaft existenzieller denn je. Für diese Erfahrung ist auch Schule verantwortlich. Es ist eine ihrer wichtigsten Aufgaben.

Situationen, in denen es möglich ist, Mitschülern und Lehrern Freundlichkeit entgegenzubringen und diese gleichzeitig zu empfangen, sollten das Unterrichtsgeschehen bestimmen – unabhängig von der Erfüllung des Lehrplans.

Wer nicht in jungen Jahren lernen darf, wie Freundschaft entsteht, wird es später schwerer haben, unvoreingenommen und zugewandt auf Menschen zuzugehen. Darin besteht jedoch das Fundament einer friedvollen Gesellschaftsentwicklung.

Leben Sie als Lehrer Freundlichkeit und Freundschaft mit Ihren Kollegen. Bringen Sie Ihnen Wärme entgegen. Fragen Sie, wenn Ihnen eine Äußerung oder Handlung unverständlich ist. Laden Sie sich gegenseitig ein – in den Unterricht oder nach Hause. Feiern Sie, sooft Sie können, gemeinsam – im Kollektiv und mit den Schülern.

Schließen Sie die Augen und lassen Sie uns träumen:

- von Schule als einem Ort, an den (fast) alle gern kommen: alle Lehrer, (nahezu) alle Schüler und zu gegebener Zeit die Eltern
- von einem Ort, an dem bedeutende Dinge getan und erlebt werden: für sich selbst und für andere
- von einem Ort, an dem die Grundpfeiler menschlicher Existenz gefeiert werden: liebevolles, sinnstiftendes Miteinander und bereichernde Welterfahrung
- von einem Ort, an dem oft auch Überraschendes geschieht – angetan, unsere inneren Kräfte zu mehren und unsere Ängste zu domestizieren
- von einem Ort, den man erfinden müsste, wenn es ihn nicht schon gäbe, weil er die Gegenwart so prägend freudvoll gestaltet, um eine liebenswerte Zukunft zu ermöglichen

Nähren Sie diesen Traum und leben Sie ihn, indem Sie jeden Tag in seinem Sinne einen Moment kreieren.

Das Wichtigste in Kürze

Perspektive

- Gelassenheit, Ruhe und Vernetzung stärken Ihre Präsenz.
- Sie sind für eine hilfreiche Lernatmosphäre verantwortlich – für sonst nichts.
- Eine grundlegende Voraussetzung für gelingendes Lernen ist eine gute Beziehung.

Kommunikation

- Ihr Körper spricht unmittelbar und beständig – er kommuniziert auch Unbewusstes.
- Automatische Reaktionen sind oft hilfreich – lernen Sie sich kennen!
- Variieren Sie eingespurte Muster und Sichtweisen!

Erleben

- Konzentrieren Sie sich auf das Wesentliche!
- Gehen Sie verantwortungsvoll mit Ihren Emotionen um!
- Machen Sie sich bewusst, warum und wofür Sie Lehrer sind!

Literatur

Arnold, R. (2007): Ich lerne, also bin ich. Eine systemisch-konstruktivistische Didaktik. Heidelberg (Carl-Auer).

Berndt, C. (2013): Resilienz. Das Geheimnis der psychischen Widerstandskraft. München (dtv).

Bucher, A. A. (2009): Die Psychologie des Glücks. Ein Handbuch. Weinheim/Basel (Beltz).

Damasio, A. R. (2002): Ich fühle, also bin ich. Die Entschlüsselung des Bewusstseins. Berlin (List).

Dietz, I. u. T. Dietz (2007): Selbst in Führung. Achtsam die Innenwelt meistern. Paderborn (Junfermann).

Fromm, E. (1956): Die Kunst des Liebens. München (Ullstein), 69. Aufl. 2010. [am. Orig.: The Art of Loving. New York (Harper and Row)]

Hergenhan, A. (2014): Keine Beleidigungen mehr! Respektvolles Miteinander im Unterricht. Heidelberg (Carl-Auer).

Hüther, G. (2001): Gebrauchsanleitung für ein menschliches Gehirn. Göttingen (Vandenhoeck & Ruprecht).

Hüther, G. (2006): Wie lernen Kinder? Voraussetzungen für gelingende Bildungsprozesse aus neurobiologischer Sicht. In: R. Caspary (Hrsg.): Lernen und Gehirn. Der Weg zu einer neuen Pädagogik. Freiburg im Breisgau (Herder), S. 70–84.

Hüther, G. u. H. Renz-Polster (2013): Wie Kinder heute wachsen. Ein neuer Blick auf das kindliche Lernen, Fühlen und Denken. Weinheim und Basel (Beltz)

Hüther, G. (2015): Etwas mehr Hirn, bitte. Eine Einladung zur Wiederentdeckung der Freude am eigenen Denken und der Lust am gemeinsamen Gestalten. Göttingen (Vandenhoeck & Ruprecht).

Juul, J. (2010): Pubertät – wenn Erziehen nicht mehr geht. Gelassen durch stürmische Zeiten. München (Kösel).

Kern, M. T. (2009): Langweilen Sie sich? Eine kurzweilige Psychologie der Langeweile. München (Ernst Reinhardt).

Kübler-Ross, E. u. D. Kessler (2003): Geborgen im Leben. München (Knaur).

Lemme, M. u. B. Körner (2016): Neue Autorität in der Schule. Präsenz und Beziehung im Schulalltag. Heidelberg (Carl-Auer).

Lipton, B. (2006): Intelligente Zellen. Wie Erfahrungen unsere Gene steuern. Bergrain (Koha).

Mehrabian, A. (1972): Nonverbal Communication. Atherton (Aldine).

Mücke, K. (2004): Hilf dir selbst und werde, was du bist. Lehr- und Lernbuch: Systemisches Selbstmanagement. Potsdam (Klaus Mücke ÖkoSysteme), 2., überarbeitete und erweiterte Aufl. 2007a.

Ricard, M. (2007): Glück. München (Nymphenburger), 5. Aufl. 2008.

Roth, G. (2003). Fühlen, Denken, Handeln. Wie das Gehirn unser Verhalten steuert. Berlin (Suhrkamp).

Roth, G. (2011): Bildung braucht Persönlichkeit – Wie Lernen gelingt. Stuttgart (Klett-Cotta).

Schmidt, G. (2007): Liebesaffären zwischen Problem und Lösung. Hypnosystemisches Arbeiten in schwierigen Kontexten. Heidelberg (Carl-Auer), 2. Aufl.

Schneewind, K. A. u. B. Böhmert (2009): Jugendliche kompetent erziehen. Der interaktive Elterncoach ›Freiheit in Grenzen‹. Bern (Hans Huber).

Scholz, D. (2016): #Familie. Entspannter Umgang mit digitalen Medien. Heidelberg (Carl-Auer).

Staake, G. (2013): Motiviert in den Unterricht. Wie systemisches Denken und Handeln den Schulalltag erleichtert. Heidelberg (Carl-Auer).

Timpner, C. u. E. Eckert (2016): Körpersprache in der schulischen Kommunikation. Heidelberg (Carl-Auer).

Watzlawick, P. (1983): Anleitung zum Unglücklichsein. München (Piper).

Über den Autor

Detlef Scholz, Dr. phil.; Pädagoge, Erziehungswissenschaftler, Systemischer Therapeut und Supervisor (SG), Systemischer Körperpsychotherapeut (GST); Leiter des Kompetenzzentrums für exzessive Mediennutzung und Medienabhängigkeit der Evangelischen Suchtkrankenhilfe Mecklenburg-Vorpommern in Schwerin; landesweite Fortbildungen von Beratern, Therapeuten, Erziehern und Pädagogen; bundesweite Referenten- und Dozententätigkeit. Veröffentlichungen u. a.: *Systemische Interventionen bei Internetabhängigkeit* (2014); *#Familie – Entspannter Umgang mit digitalen Medien* (2016).